# 数字に
# だまされない
# 生活統計

川又俊則 著　Kawamata Toshinori

Statistics of Social Life

北樹出版

# はじめに
――数字の海をうまく泳いでいくために――

こんにちは。川又です。よろしくお願いします。

　私たちは新聞・テレビ他のメディアで、様々な数字に出会います。でも、それらにだまされたり、おどらされたりしていないでしょうか。
　私はいくつかの大学・短大で「社会学」や「社会調査」関連科目を担当してきています。2004年に「社会調査士」制度がスタートし、それに即応した社会調査や統計学関連の良書が続々と刊行されています。そしてまた、Excel（表計算ソフト）やSPSS（統計ソフト）も広く使われるようになり、使い方を教示する本も多数刊行されています。私も職業柄、これらすべてに目を通しますが、どれも参考になる良い本だなあと思い、学生さんたちはこれらを活用して欲しいと願っています。ただ、社会調査や統計学をある程度理解している学生（あるいは1年や数年くらい時間をかけて学ぶ方）はそれを手にすればいいのですが、数学が苦手、数式は大嫌いなどで（必要不可欠であったとしても）、それらには独習しきれない内容が含まれていて、手に負えない人もいます。
　私は、近年、「生活統計」をテーマにした授業や教員免許状更新講習他の講座を担当しています。そのなかでの試みや上記テキストのエッセンスを取り込んで、自ら調査票調査をする基礎を学ぶ人向けに本書を刊行しました。ですから本書は、私の授業の受講生、今までに「社会調査」「統計学」で挫折してきた社会人の方、さらには、自ら簡単な「調査」「分析」を行うための参考書を探している社会調査・統計学の「はじめの一歩」にしたいと思っている方にお薦めします。「社会調査」を一通り学んだ社会学部学生の皆さんには少々物足りないかもしれません。その方々は、巻末の文献をご覧いただき、そちらの良書を読み進めて独習していただきたいと思います。数字が苦手・メディアの情報をうのみにしてしまう人々こそが本書の対象です。

このテキストはⅢ部構成になっています。

第Ⅰ部は「統計リテラシー」編です。メディアその他で「データ」をもとにした分析はよく見られます。しかし、専門家の立場でじっくり見ると、いい加減なものや作成者の強い意図が働いているものも決して少なくないことに気づきます。さらに、すっかり普及している「視聴率」の実態をきちんと理解している方々も、実はあまり多くないのかもしれません。社会生活を営むにあたって、「数字にだまされる」ことのないようにするにはどうしたらいいのかを一緒に考えたいと思います。

さて、いきなりですが問題を出します（以下、私が出す問題は「お題」と称します）。

【お題0】あるスーパーの子ども用品売り場では、シーズン終了で3割引のセールをしています。8月31日に買いに行ったら、月末特別感謝デーで、その日は、全品レジで1割引になるとのことでした。さて、1割引を先にしてもらってから3割を引いてもらうのと、3割引の後に1割引とするのとでは、どちらが得でしょうか？

(A) 1割引を先にする　　(B) どちらも同じ
(C) 3割引を先にする　　(D) 商品の値段によって違う

すぐに答えられる人もいるでしょうが、解答は後でします。

実は本書第Ⅰ部の内容と類似する書物は、近年、わかりやすいものが続々出ています。ただし、あくまでも本書は、第Ⅰ部のリテラシー部分だけではなく、第Ⅱ部、第Ⅲ部を通じて、実際に自ら、調査票調査を行い、数値を扱う人向けにしている点で、上記の書物とは指向性が、若干、異なっています。

第Ⅱ部は「社会調査実査」編です。「調査票（質問紙）」を用いて「社会調査」を実際に自らすることが目標です。ある問題意識を持ち、色々な人に意識や動向をたずね、それを分析する方法は、色々な場面で活用されていますが、誤解も多いようです（それらの調査を「アンケート調査」と称することがその典型でしょう。6

章82ページを参照ください)。そこで、その「社会調査」を行う最低限必要なことを学びたいと思います。調査票の質問項目・選択肢の作成などが含まれます。

　第Ⅲ部は、「データ分析」編です。第Ⅱ部で実際に調査した後、「データ」を収集・分析することが目標です。できる限り数式は用いずに、統計の基礎として必要な知識を身につけたいと思います。そして、出てきた統計の扱い方を考えましょう。その上で、自らのデータや失業率・人口などの公式統計（政府等が実施した調査資料）も、Excelなどの表計算ソフトを用いて簡単に分析できることを示します。

　なお、本書はあくまでも「初心者向け」を意識して第Ⅰ部から第Ⅲ部までを書きました。この本編で扱い切れない「やや難しい」概念や用語で、私がぜひ皆さんに考えていただきたいことや、数字にかかわる落語の噺をいくつか、章ごとに1つ「おまけのお話（噺）」というタイトルの「コラム」で解説しています。章の合間の一休みに読んでください。

　私の授業では、Power Point（パワーポイント）をプロジェクターで映し、授業の概要プリント（だいたいA4〜A3サイズで両面1枚）を配布して行うことが多いです。本書はその授業を紙上で再現するつもりで構成しました。各章とも3つのお題を出し、その解答の説明をしていきます。さらに、各章のポイントを章末に載せています。実際の授業では、お題の解答を指名して答えてもらうこともありますが、本書読者の皆さんには、すべてに答えていただく予定です。

　さて、【お題0】の解答です。
　【解答0】はもちろんBです。即答できましたか？
　3割引は定価に0.7を掛け、1割引は定価に0.9を掛けることで求められます。3割引が先の場合、定価×0.7×0.1です。1割引が先の場合は、定価×0.1×0.7です。したがってどちらも同じです。

念のため、1000円の商品で計算してみましょう。3割引が先の場合、まず700円。それを1割引して630円。続いて1割引が先の場合、まず1割引で900円。それを3割引すると630円。たしかに、この例でも同じになりました。

　私は「社会学」という授業で受講生たちに「頭を柔らかくしよう」と言うことが多いのですが、本書第Ⅰ部は、それと同じ視点で書かれています。
　このお題が簡単にできた頭の柔らかい方は、以下の第Ⅰ部は読み飛ばしていただいても大丈夫（かもしれません）。逆に、さっぱりわからなかった方は、もしかしたら、自称「数オンチ」「数学オンチ」かもしれませんよね。でもご安心を。第Ⅰ部から一緒に少しずつ学んでいきましょう。

　自らの目の前の数字を、そのまま無批判に事実と受け止め、提出された統計資料をうのみにするのはよくないと私は思っています。良い統計もありますし、おかしな統計もあります。その違いは、次の3つの基本的な問いかけによって見分けなければなりません。
　①誰がこの数値（統計資料）を作ったか。
　②なぜ作ったのか。
　③どのように作ったのか。
　これ以上の説明は、第Ⅰ部に譲ることにします。

　「はじめに」をまとめましょう。本書は（すでにこの「はじめに」からして）たいへん欲張りなのですが、次のような目標で執筆されました。その結果は、皆さんからの感想やご意見（私はこれをリアクションペーパー＝RPという形で毎回の授業で受講生に書いてもらっています）をいただければと思います。
　それではこれから、一緒に楽しく「生活統計」を学んでいきましょう。

【「はじめに」のまとめ】
(1) 数字や数学が苦手な人でも、この１冊で「社会調査リテラシー」の基礎が身につけられる。
(2) 統計リテラシー編（数字にだまされない社会人を目指す）・社会調査実査編（調査票の作り方の基本を学ぶ）・データ分析編（数式をほとんど使わず、統計学の初歩を理解する）の３部構成で、どこからでも読み進めることができる。そして、全体で「社会調査リテラシー」を学べる。
(3) 「数オンチ」「数学オンチ」を自称している人は、まず、その統計・数値の出所（誰が・なぜ・どのように）を押さえる。

# 目　次

はじめに——数字の海をうまく泳いでいくために……………………………… 3

## 第Ⅰ部　数字の読み方・だまし方〜統計リテラシー編〜

### 第1章　グラフを使いこなそう——だまされていませんか？……………… 12
1. 同じデータでもグラフが違うと——国債発行残高グラフ（12）
2. そのグラフはどうやって作ったのか？（15）
3. グラフの種類（17）

【おまけのお話】東日本大震災と生活統計（26）

### 第2章　貯蓄1664万円の恐怖——3つの代表値………………………… 27
1. アベレージ・メディアン・モード（27）
2. 偏りの原因（31）
3. 目をひく数字の秘密——レモン50個分とレタス3個分の謎（32）

【おまけのお噺】猫の皿（37）

### 第3章　25％は30％より上？——視聴率と誤差とサンプリング………… 38
1. 視聴率とは何か（38）
2. サンプリング（42）

【おまけのお話】ランキング（48）

### 第4章　いじめ「ゼロ」のウソ——よく見る調査の問題点……………… 49
1. 「いじめ」調査から考える（49）
2. 健康診断の問題点（54）
3. 統計数値を読む（56）

【おまけのお噺】時そば（61）

### 第5章　調査法の変遷——ランダムサンプリングからRDDへ…………… 62
1. 社会調査の歴史（62）
2. ランダムサンプリングの興隆（65）
3. 様々な調査（68）

8

【おまけのお話】　量的調査と質的調査（74）

## 第Ⅱ部　調査で必要な「イ・ロ・ハ」〜社会調査実査編〜

### 第6章　調査の前に考える——二次データの利用と調査法……………… 76
　1．社会調査とは何か（76）
　2．他の資料へのアプローチ（79）
　3．調査票調査の種類（83）
【おまけのお噺】　五貫裁き（88）

### 第7章　何を聞けばわかるのか——あなたのことは他人に聞こう………… 89
　1．変　　　数（89）
　2．仮　　　説（92）
　3．ホンネをつかむ方法（94）
【おまけのお話】　曹洞宗宗勢総合調査（98）

### 第8章　内閣支持率はなぜ違うのか——同じことを聞いているつもりでも… 99
　1．調査票の作成（99）
　2．質問文の注意点（106）
　3．選択肢の作成（111）
【おまけのお噺】　加賀の千代（115）

### 第9章　調査の流れ——ある調査例から………………………………116
　1．予　備　調　査（117）
　2．郵送法の事例（118）
　3．調査票調査の実際（119）
【おまけのお話】　調査倫理（125）

## 第Ⅲ部　統計の基礎とExcelの処理〜データ分析編〜

### 第10章　偏差値って何？——偏差値100とったことありますか…………128
　1．何をどう分析するのか（128）
　2．分散と標準偏差（131）
　3．偏　差　値（135）
【おまけのお噺】　壺算（138）

目　次　9

## 第11章　集めたものを整理する――復習、総ざらいの章！？ ……………139
　1．集計から分析へ――体重測定の例を中心に（139）
　2．尺度と平均と度数分布――復習を兼ねて（142）
　3．集計表（単純、クロス）（146）
【おまけのお話】　記述統計と推測統計（149）

## 第12章　見かけと中身が違う！――ケータイ依存と性別 ……………150
　1．クロス集計表（150）
　2．見かけと中身が違うこと（152）
　3．相 関 関 係（155）
　4．関係をとらえる方法（156）
【おまけのお話】　エラボレーションあれこれ（158）

## 第13章　検定しましょう――計算のススメ ……………………………159
　1．統計的検定（159）
　2．$X^2$ 検定（162）
　3．t 検定（167）
【おまけのお話】　様々な分析（171）

## 第14章　分析結果のまとめ方、報告の仕方 ……………………………172
　1．少しだけ計算（172）
　2．表計算ソフト（Excel 2010 他）の利用（173）
　3．報告書にまとめる（180）
【おまけのお噺】　千両みかん（183）

次の調査のために――調査研究の循環 …………………………………… 184

参 照 文 献 …………………………………………………………………… 186

索　　　引 …………………………………………………………………… 191

本書に掲載した製品名は、各社の登録商標または商標です。

# 第Ⅰ部

# 数字の読み方・だまし方
## ～統計リテラシー編～

# グラフを使いこなそう
## ——だまされていませんか？

key words　縦軸・横軸、定義、グラフ（棒・円・折れ線など）

### 1　同じデータでもグラフが違うと——国債発行残高グラフ

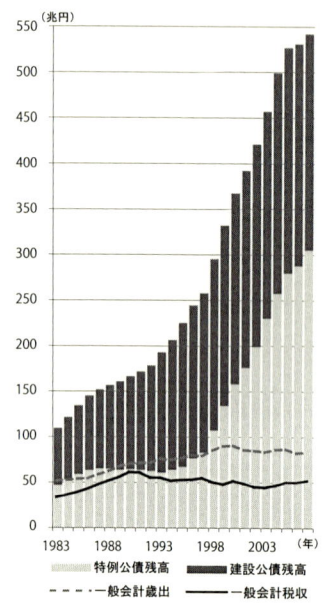

図 1-1　公債残高等の推移
　　　　（新聞、1983～2007 年）

　さて、いよいよ 1 章。新聞から見つけたネタでスタートです。

　まずは左のグラフ（図 1-1）を見てみましょう[1]。少し古い資料になるのですが、国債（特例公債等）の発行残高が 15 年間（1983 年度～2007 年度）で大幅に伸び、一般会計税収（55 兆円）の 10 倍（550 兆円）に達しています。日本の財政は危機的状況であることがよくわかるグラフです。ちょうど、第 21 回参議院議員選挙（2007 年 7 月 29 日投開票）の選挙戦が行われているとき（同年 7 月 18 日）に出た記事です。

　国債のことなら当然、財務省の資料を確認するのが筋ですよね。そこで、財務省のウェブサイトにある国債に関するグラフ（図 1-2）を見てみましょう[2]。棒グラフは各年度の国債高を示しています。2004 年以降は赤字国債（特例公債）を減らしたようにも見えます。しかし、1980 年代と比べると発行高も 2 倍以上ですし、そもそも、実際は毎年国債を発行しているわけですから、図 1-1 のように、どんどん残高は高く積み上がっています。

実は、今見ていただいた2つのグラフのデータはまったく同じです。「全然違うよ！」と思った方は、本書で想定した読者の方ですから、ぜひ最後までおつきあいください。

異なる印象を与えたのは、棒グラフを積み上げ（足し算）しているか（図1-1）、していないか（図1-2）の差なのです。折れ線グラフ（各年度の一般会

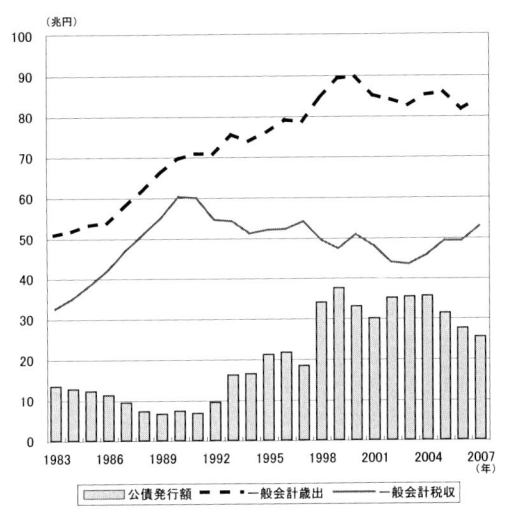

図1-2　公債発行額等の推移（財務省、1983〜2007年）

計）はもちろん同じ数値なので、図1-1も図1-2もまったく同じです。国債発行残高は、積み上げると金額がどんどん増えますから、図1-1の場合、左軸の数値は大きくならざるをえなくて、縦長となります。折れ線グラフは図1-1も図1-2も、各年度の一般会計（歳出と税収）を示していますが、図1-1の場合は縦長のため、図1-2と同じデータであるにもかかわらず、一般会計歳出額などがごくわずかな数値という印象を与えていますね。つまり、同じデータでもグラフの提示の仕方でどのようにでも印象を変えることはできるのです。

【お題1】図1-1の特例公債残高と建設公債残高のグラフの印象を変えるためにはどうしたらいいでしょうか？

いかがでしょうか？　これから毎章3題ずつのお題を出し続け、その解説などを通じて各章のポイントを示していきますから、お題ごとに立ち止まって考え、その上で先に進みましょう。でも、今回は初めてですから、すぐ解答を出してしまいますね。

1　同じデータでもグラフが違うと──国債発行残高グラフ　　13

【解答1】下のグラフ（図1-3）のように縦軸・横軸の幅を変える。

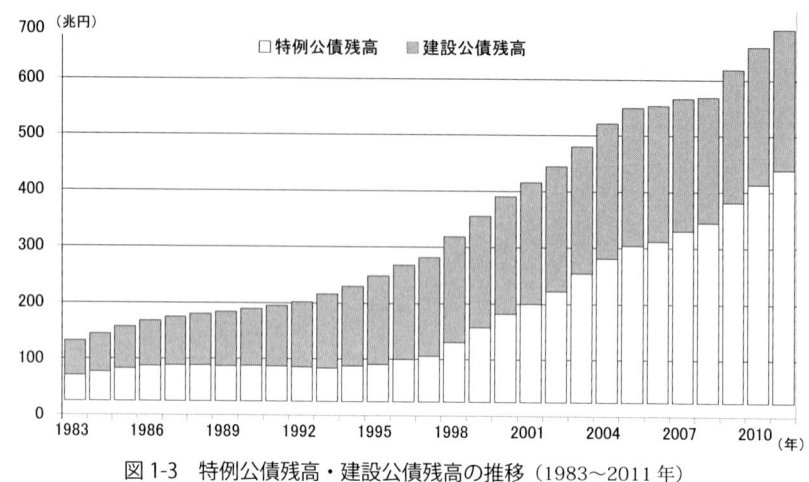

図1-3　特例公債残高・建設公債残高の推移（1983〜2011年）

　実は、縦軸・横軸の幅がポイントなのです。横幅を大きくとってみましょう。すると、傾斜が緩やかになります。

　さらに縦軸の幅をぐっと小さくしてみましょう。そうやって作成したのが図1-3です。ただし、2007年のデータでは少々古いので、おまけとして、2011年度までの4年分も追加しました（笑、えないほど、残高が急激に増加しています！）。左上（縦軸）には700兆円という数値（数値の単位）が出てきますが、気にしなければ（?）、この棒グラフが緩やかに高くなっているくらいの印象でしょう。図1-1と比べて見てください。縦軸と横軸の差が一目瞭然でしょう。

　さらに、縦軸の途中を切ってしまえば（図は省略）、上下の差を曖昧にすることができます。広告で示されるグラフには、よく、グラフの途中が切れているものがあります。今度、広告のグラフを見るときは注目してください。

　そのグラフの「単位」も重要な情報です。「兆円」という単位が、もし「円」だったら700兆円ではなく700,000,000,000,000円という表記になります。数字が多すぎて「見るのもイヤだ！」という人も出てくるかもしれません。図1-3

14　第1章　グラフを使いこなそう——だまされていませんか？

の場合は大きな数字ではないように見せたいのですから、「兆円」という単位で示しました（十分大きな単位ですけど）。

　実は図1-1は、ある編集委員が参院選の論点として財政再建が重要だとの主張を展開した文章で示されたグラフでした。そう考えると、横を狭くして縦長に強調したのは当然でしょう。国債のあまりの多さを主張したかったのですから。私たちが目にするグラフや図は、それを作成し提示した人による何らかの目的に従って描かれたものなのです。

　皆さんがグラフを見るとき、縦軸・横軸に気をつけなければいけないのは、実はグラフの基本中の基本です。でも、皆さんはこれまで、出された数字に驚き、示された形に唖然としてしまい、グラフをじっくり見ずに、作成者の主張をそのまま簡単に「受け入れて」しまったこともあったのではないでしょうか。今後、縦軸と横軸に気をつけてグラフを見てみましょう。

　なお、紙幅の制約で例示していませんが、縦軸の下を見ると0から始まっていない場合がありますから、そのときも要注意です。なぜ0ではなく、違う数値を起点としたのかを考えてみてください。急激な増減を示したいなど理由が想像できます。グラフ作成者の意図が透けて見えるようになれば、きっと、グラフでだまされることはないでしょう。

## 2　そのグラフはどうやって作ったのか？

　グラフ（図1-4）をご覧ください。今度は、1986～2010年まで25年間の「少年凶悪犯罪」のうち、「殺人」「強盗」を示したものです。

ここでお題です。
【お題2】1986～2010年の25年間で、少年凶悪犯罪数は増加していますか、それとも、減少していますか？
　　（A）増加している　　（B）同じくらい
　　（C）減少している　　（D）これだけでは判断不能

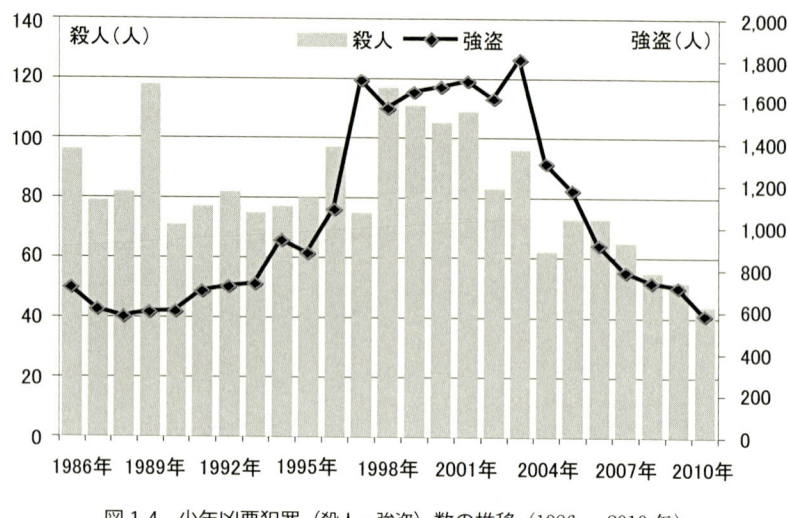

図1-4 少年凶悪犯罪（殺人・強盗）数の推移（1986～2010年）

いかがでしょうか？ 解答は少し後にして、そもそも、このグラフはどのようなモノなのか説明しておきます。

「少年凶悪犯罪」とは「少年犯罪」のうち「凶悪犯罪」を示しています。当たり前ですが、言葉の定義の問題なので、少し丁寧に説明します。まず、「少年犯罪」ですが、これは14～19歳の犯罪のことです。13歳以下は「触法少年」として別に考えられています。

警察庁発行の『警察白書』によれば「凶悪犯」は、「殺人・強盗・放火・強姦」の4つだと定義づけられています。法務省発行の『犯罪白書』のなかで少年犯罪は、当該年度の数値が表で示されています。同じ「凶悪犯」でも、2つの白書の表の数値は異なります。後者には「触法少年の補導も含まれているからです。これらはウェブ上でも確認できます[3]。

それでは解答です。

【解答2】 2つの犯罪のグラフですが、結果的には（C）です。

比較する以上、起点となる1986年と終点である2010年を見なくてはなりま

せん。すると、殺人 (44 人) は 25 年前 (96 人) の半分以下です。激減と言っていいかもしれません。強盗 (580 人) は、25 年前 (708 人) より 100 人以上減っています (2003 年頃までは、現在の 3 倍ほどあったようですが)。結局、殺人数・強盗数とも減っています。次に、25 年間全体の「流れ (傾向)」は、強盗数においては増加傾向にあったのが、2004 年以降は減少に転じ、殺人数は 100 名を上回る年ありましたが、この 10 年くらいは減少傾向にあるとの印象だと思います。

この少年凶悪犯罪の統計は、[マッツァリーノ 2007 (2004)] をはじめ、多くの統計指南書 (と呼べるような内容の新書等) では、すでに先人たちがいろいろな指摘をしています[4]。ですから、本書読者のなかでも、すでにご存じだった方もいらっしゃるでしょう。ただ、もちろん未知だった人もいるでしょうから、あえてまっさらな形で説明しました。

ちなみに、これらはいずれも警察の「検挙数」だということも確認しておきましょう。「検挙されなかった」事件ももちろんあるはずです。「数字・数値は数えられたものしかわからない」という基本中の基本も覚えておきたいものです。

「疑うこと」「自分自身で考えること」、これを続けると「統計リテラシー」がきっと身につくでしょう[5]。

## 3 グラフの種類

さて、本章の最後に、グラフ自体の説明をしておきたいと思います[6]。皆さんは、グラフを何種類ぐらいご存じですか？ 例えば、Microsoft 社の表計算ソフト Excel (2010 他のバージョン) では、グラフが簡単に作成できますが、70 種類以上が簡単にできるのです。

「そんなに覚えられないよ！」という嘆きが聞こえてきました。大丈夫です。本書では以下の 7 つのみ扱います。一般的な社会調査のテキストなどでも、この 7 つのグラフがよく用いられます。

それでは順番に説明していきますね。

### (A) 棒グラフ

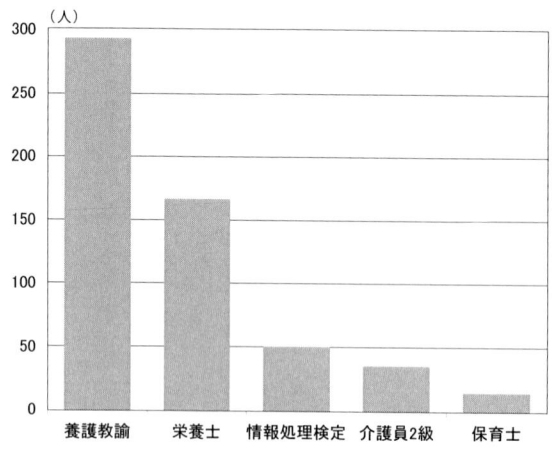

図1-5 卒業生調査（資格・免許）

数量を高さで表したグラフです。図1-5は鈴鹿短大の卒業生調査の結果の一部を修正したものです［川又2009］。卒業時に得た資格・免許状の複数回答のうち、5種類を実数で示したものです。

鈴鹿短大は創立以降ずっと、養護教諭や栄養士を養成してきたので、それらの資格・免許状を取得した卒業生が多いことが一目瞭然です。

この棒グラフは、いくつかの項目を数量で比較するときによく用いられます。本章ですでに示したグラフの多くはこれでした。

### (B) ヒストグラム（柱状グラフ）

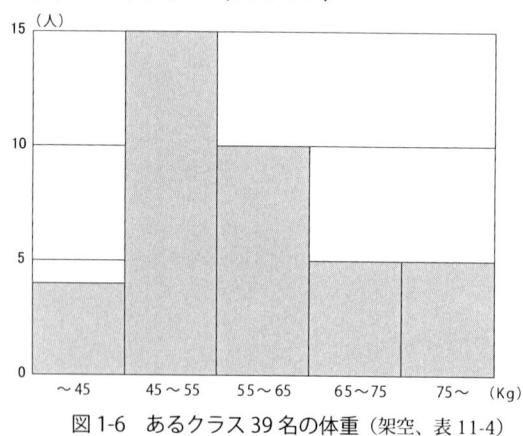

図1-6 あるクラス39名の体重（架空、表11-4）

棒グラフと似ていますが、比較する項目の棒（柱）が「くっついている」点が異なっています。

これは、その項目（階級）が連続した値ということを示しているのです。階級ごとの度数（実数）や割合を示したグラフで、一般的には、人口

第1章　グラフを使いこなそう——だまされていませんか？

や得点分布などに用いられます。図1-6は、「あるクラスの39名の体重」です（架空データ）。体重の範囲（階級）は連続していますね（11章で再び扱います）。

このヒストグラムは、量的データがどのように分布しているのかがよくわかります。いわゆる人口ピラミッドもこれを用います。横軸は分類項目や絶対的量の階級区分を示し、縦軸は度数（実数）か相対度数の割合を示しています。

(C) 帯グラフ

全体における各項目の割合を、帯の面積で表したグラフです。図1-7は、男性女性の喫煙・非喫煙の割合を出し、それを比較した帯グラフです（架空データ）。

このグラフによれば、男性の喫煙は調査対象者の過半数を超えている（55.6%）ことや、女性は非喫煙が過半数を超えている（58.8%）ことなどが一目でわかります。全体（100%）のなかの割合を見るときに、とくに2つ以上を比較するときに便利です。

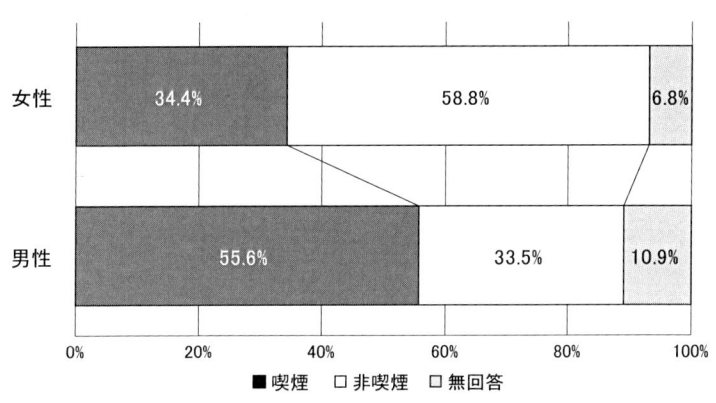

図1-7　性別による喫煙状況（架空）

(D) 円グラフ

全体における各項目の割合を、円状の面積で表したグラフです。

図1-8も、鈴鹿短大の卒業生調査の結果の1部です［川又 2009］。入学後の期

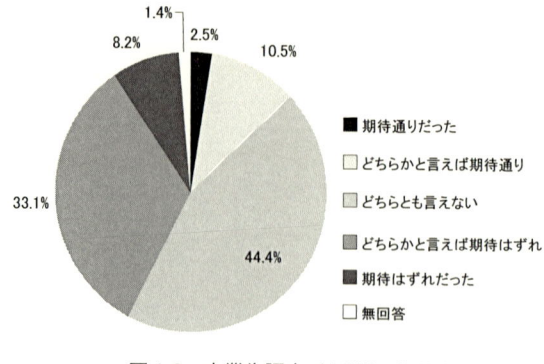

図1-8 卒業生調査（入学後の期待度）

待度を示したものです。このように、全体（100%）の割合を示すときに、円グラフでは、100%が円になるので、その半分（50%）を超えているかどうかや、面積の大きさで割合がよくわかります。

帯グラフの場合は図1-8のように2つ並べることで、項目間比較が簡単にできます。円グラフの場合、1つだけ見る場合は、帯グラフよりわかりやすいと言えるでしょうが、2つ並べたときは、帯グラフの方が、簡単に違いがわかります。

(E) 折れ線グラフ

変化するデータの線の傾きによって表したグラフです。変化がよくわかります。図1-9は、養護教諭（保健室の先生）の1989年から2010年までの数の推移

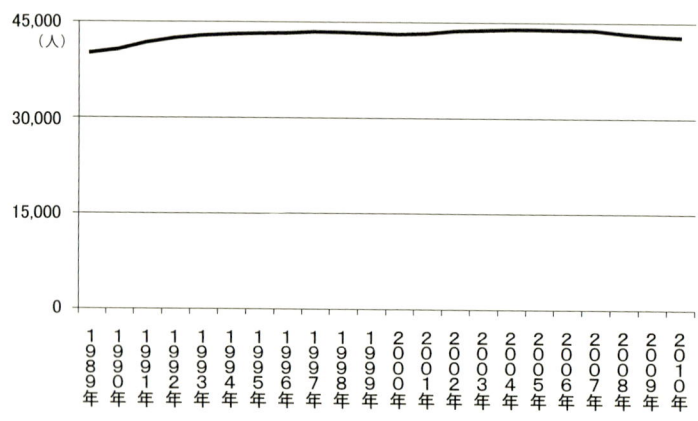

図1-9 養護教諭数の推移（1986～2010年）

20　第1章　グラフを使いこなそう——だまされていませんか？

です（図1-13で男性のみの推移も参照）。

このグラフも一般的によく用いられます。

### (F) 散 布 図

縦軸・横軸にそって、2つの変数（variable、変化する値をとるもの。調査等で測定された値）がどのように関連しているかを平面上に示したグラフです。2つの変数間の関係がわかります。図1-10は、ある架空のクラスの生徒たちの「体重と身長」の関連を見たものです（14章で再び扱います）。

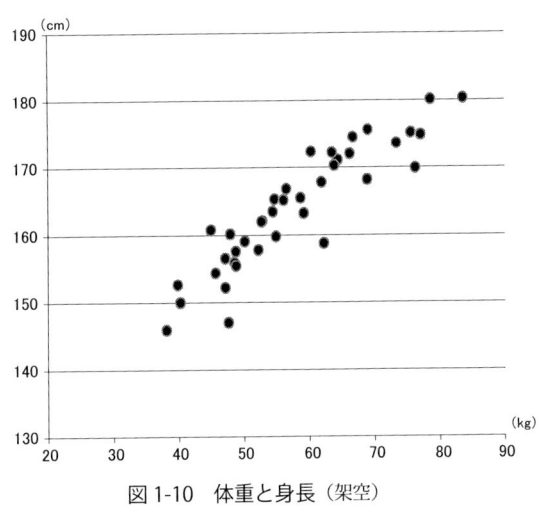

図1-10　体重と身長（架空）

### (G) レーダーチャート

各項目の数量や割合を、クモの巣状に表したグラフです。全体のバランスを見るときに使います。

図1-11はある大学の授業評価の一部を取り出して示したものです。5段階評価（5がよく、1が悪い）で、例えば「教える意欲があった」は最高の5点、「板書等が適切だった」は3点と、この5つの項目では一番低い点なのでその教員の課題（あっ。これ、私のことではありません。架空の設定だと言い忘れました！）だとわかりますね。

もしかしたら、高校の業者テストの結果で、各科目の得意・不得意などを示す図として見たことがある人もいるかもしれません。とくに、このような5段階評価等、段階が示されたような場合の比較で用いられることが多いと言える

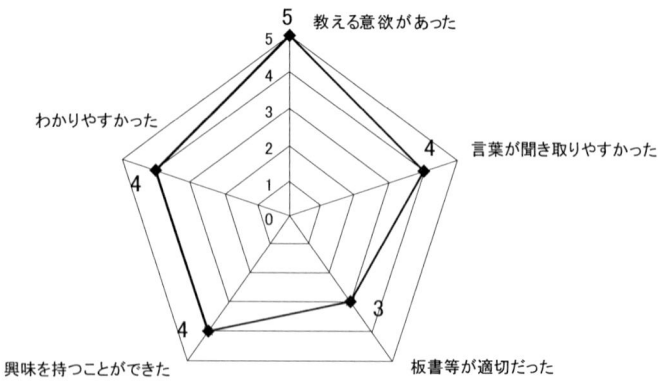

図 1-11　授業評価（架空）

でしょう。

　さあ、だいたいの感じはつかめたでしょうか。今までに何気なく見てきたグラフも、その用途によって色々な種類が用いられたことが、わかっていただけたのではないかと思います。それではお題（実は応用編）で理解度を確認してみましょう。

【お題3】次の場合はどのグラフで示せば適切でしょうか？
　①女性労働力率（年齢区分別就業率）の 1970, 1990, 2010 年度の比較
　② 1989 年から 2010 年までの、男性養護教諭の校種別人数
　③学食メニューの学生人気調査

　言葉自体が難しいのでイメージしにくいかもしれませんね。でも、見え隠れしている次ページ以降の解答を見ずに、まずは自分で考えてみてください（って無理かも……）。

　それでは解答です。

## 【解答3】

### ①折れ線グラフ

グラフ（図1-12）は、1970年、1990年、2010年の女性の労働力率（年齢区分ごとに、その年代で働いている人の割合）が示されています。いずれも「M字型就労」（結婚・出産・育児期に仕事を離れ、その後一部が仕事をする）となっていますが、1970年の底は25～29歳、1990年は30～34歳、2010年は35～39歳であり、また、底の割合が1970年で40%台だったのが、2010年には60%台

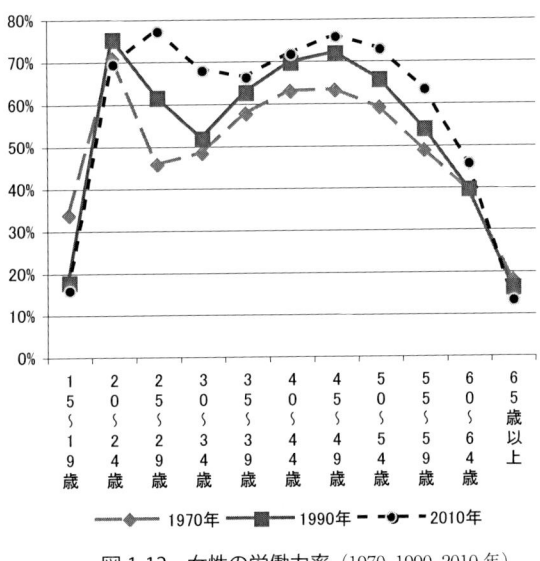

図1-12　女性の労働力率（1970, 1990, 2010年）

へ上昇しているなどの変化がよくわかると思います（これに関心を持った方はぜひ社会学の様々なテキストで学んでください）。変化を見るときには、このように「折れ線グラフ」が有効です。

### ②（積み上げ）棒グラフ

図1-13は棒グラフですが、先ほどとは少々違います。複数の項目を足して積み上げた「積み上げ棒グラフ」だからです。でも、棒グラフ（大きさで数値を示す）自体に変わりはありません。

この資料は、私が現在調査をしている「男性養護教諭」がどの校種で働いているか、その人数を比較したものです。

人数全体は20年間全体で増えており（それでも、図1-9と比べれば、男性は全体の0.1%未満しかないこともわかるでしょう）、校種としては、特別支援学校や高校での

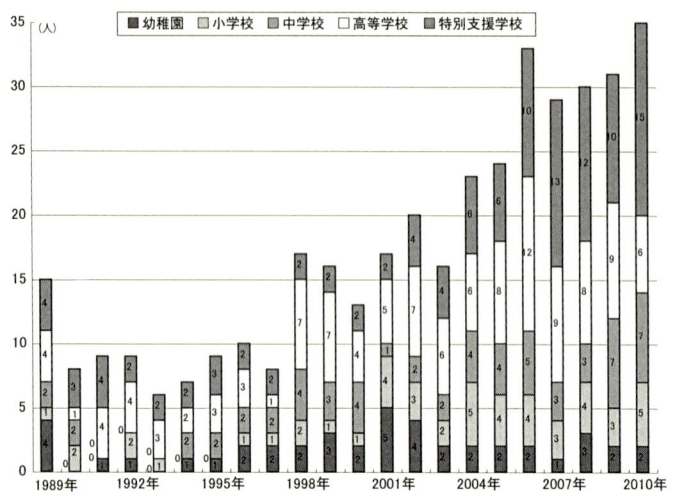

図 1-13　男性養護教諭の校種別人数の推移（1989年〜2010年）

人数が多いことが読みとれるでしょう。

総数が増えていることも示すときに便利なのが、このグラフです。

③棒グラフ（or　円グラフ）

学食メニューの人気度調査の結果（架空データ）が図 1-14 です。これは横棒

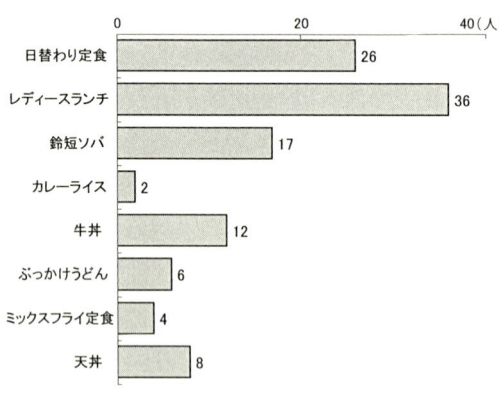

図 1-14　学食人気アンケート（架空）

グラフです。質問の仕方（例えば単一選択で1つだけを選ぶ形）で、回答全体100％における割合として円グラフで示すことも可能です。ここでは、同じ棒グラフでも横軸で示すことが可能な例として挙げました。

お題は正解しましたか？では本章をまとめましょう。

24　第1章　グラフを使いこなそう——だまされていませんか？

【本章のまとめ】
(1) グラフの縦軸・横軸・単位等を確認しましょう。
　グラフを見るときに、まず、縦軸と横軸がどうなっているかをチェックしてください。そのとき①グラフの縦軸（単位）、②グラフの横軸（時間・比較）、③不自然に切れていないか、④軸は0が起点かどうか、などをよく見ましょう。
(2) グラフ作成の意図を読み解きましょう。
　①数値の基準の定義は何か、②起点と終点はどうなっているかを考えましょう。
(3) グラフ各種それぞれの特徴を学び、使えるようになりたいですね。

【注】
(1) 読売新聞（2007年7月18日）に掲載されたグラフを参照して筆者が作成。新聞紙上の縦横比は5：2でした。
(2) 財務省（http://www.mof.go.jp/）を参照して筆者が作成（2012.7.30参照）。
(3) 法務省（http://hakusyo1.moj.go.jp/）2012.7.30参照。
(4) ［小笠原2005］は新聞記事から、「倍」という強調表現で中身を見ずにイメージしてしまう私たちへの注意を喚起しています。凶悪犯罪の統計資料について、例えば、［マッツァリーノ2007］では4つの統計を用いて、［飯田2007］は殺人統計を利用して、それぞれ丁寧に説明しています。［ティム2005］は、イギリスの犯罪統計を事例に、公式統計（6章参照）の扱いについての注意点などを議論しています。関心のある方は是非読んでください。
(5) 「リサーチ・リテラシー」の提唱者谷岡一郎さんの［谷岡2000］［谷岡2007］は、それをわかりやすく説いています。
(6) グラフは［内田2005］［山本2005］［上田2006］の説明がわかりやすいです。

## 【おまけのお話】　東日本大震災と生活統計

　2011年3月11日午後、三重県の勤務校の事務局で事務職員の方と歓談していた私は、ゆっくり長い揺れを感じました（最初はこれが立ちくらみかと思ったような揺れでした）。すぐにウェブサイトでチェックをした事務の方から、東北から関東にかけて大きな地震があったと聞きました。実家は関東にあり、知己も多く住んでいました。その後、自分の周辺でも、色々なことがありました……。

　さて、生活統計ということでもこの震災のことに触れないわけにはいきません（が、本書全体の構成はほぼ固まっていたので、このコラムで取り上げるにとどめざるをえません）。

　まず、放射能が話題になるなかで、それまで理解できていなかった数値の単位（マイクロシーベルトなど）がいくつも登場してきました。未知の経験ということで、今後の長期間にわたる様々なシュミレーションが数値として出されましたが、それらの積算根拠などにも注目が集まりました。消費電力等、あまり意識しなかった数値を今後ずっと意識することになりました。

　次に、政府や東京電力等から発表される公のデータに、多くの人々が疑義を持つこともありました。調査では、妥当性と信頼性が常に問われます。妥当性とは測定しようとしたものを正しく測定できているか、信頼性は同一条件で測定を繰り返したとき同じ結果になるか、ということです。数字で語る「量的調査」（5章コラム参照）の場合、これらが揺らいでしまっては、議論の価値すらありません。

　発表されるデータを、無批判にうのみにするべきではないという意識自体は、本書の主張に合致しており、私たちがデータ批判を当たり前にするようになったこと自体は、前進なのだと思います。

　「原子力発電所がすべて動かないと、電気料金値上げが必要となりますが、原子力発電所の利用についてどう思いますか？」などの質問は、明らかに誘導質問だと、みんなが理解するようになったということもありました。

# 貯蓄1664万円の恐怖
## ——3つの代表値

**key words** アベレージ、メディアン、モード、正規分布、偏り、表現

### 1 アベレージ・メディアン・モード

今回は、皆さんもよく使っている「平均」「代表値」のお話です。「国語の平均点は……」「全国のガソリンの平均価格は……」など、様々な場面で出てきます。次のお題は簡単すぎますよね。

【お題4】総務省の家計調査報告（貯蓄・負債編）によると、2011年の一世帯あたりの平均貯蓄現在高（2人以上世帯）は1664万円[1]。なぜこんなに高いのでしょうか？
 (A) みんな隠れて貯蓄しているから
 (B) そんな調査はいい加減だから
 (C) タンス預金なども入っているから
 (D) 一部の人がとても多く貯蓄しているから

すぐ「(C)」と答えたでしょう。えっ、「(A)」？ 私の貯蓄はこんなにないですよ（妻が私に隠している可能性はゼロとは言えませんが……(^_^;)）。皆さん貯蓄がたくさんあっていいですね。もちろん【解答4】は（D）です。

さて、全体の中心を指す値には、①アベレージ（average、平均値）、②メディアン（median、中央値）、③モード（mode、最頻値）の3つがよく用いられます。①は算術平均（相加平均）です。「平均」には、一般的によく用いられる「算術（相加）平均」の他に、倍率などで用いられる「相乗（幾何）平均」、平均速度

27

などで用いられる「調和平均」、数に重みをつけて考える「加重平均」などもあります（本書では、紙幅の関係もあってそれらは扱いません）。本書は先の3つだけを扱います。

①はデータをすべて加算しそれをデータ数で割って（除して）求めます。②はデータを大きさ順に並べた全体の中央の値のことです。③はデータのなかでもっとも頻度の高い値です。

例えばある架空クラス31名の英語の1学期中間考査を考えましょう。

アベレージ（平均値）ならば、クラス一人ひとりの点数を全員分合計して、それをクラスの人数31で割ればわかります。

メディアン（中央値）ならば、31名を、1番から31番まで点数の少ない方から多い方（逆でも可）に並べたときの中間である16番目の値が該当します（30名ならば、15番目と16番目の中間が中央なので、15番目と16番目の点数を足して2で割って求めます）。

モード（最頻値）ならば、もっとも多い素点がそのまま該当します。例えば、

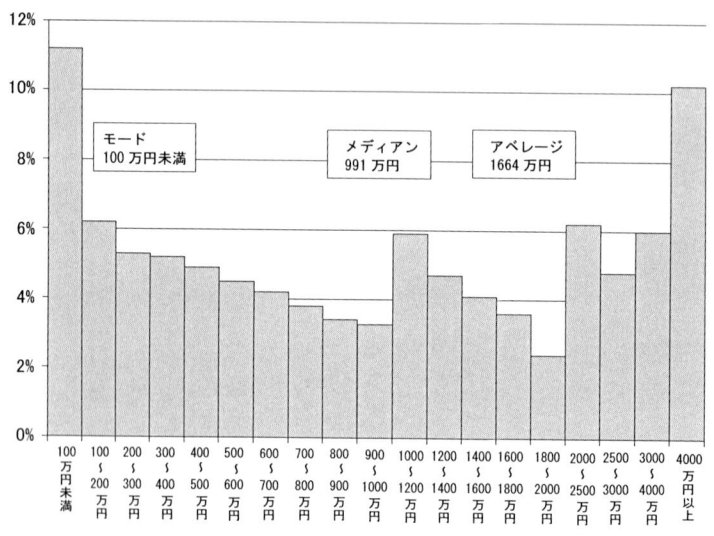

図2-1　一世帯あたりの貯蓄現在高（2人世帯以上、2011年）

65点が3人でもっとも多ければそれがモードです。

　この3種類のうち、その「平均」はどれを用いているのかがわからなければダメです。たしかに、アベレージを用いることは、野球の打率や自動車の平均時速など、日常生活でたいへん多いのですが、「平均」を考えるときに、すべてアベレージで済むとは限らないのです。それを理解しておくことが重要です。

　【お題4】の文章中にある「貯蓄現在高」は、アベレージで求められたものですが、前ページのグラフ（図2-1）を見てください。

　それによれば、メディアン（調査対象者全員の真ん中＝991万円）や、モード（分類別でもっとも多い値＝100万円未満）を見ると、アベレージと大きく異なることがわかるでしょう。モードは、全体の11.2%である「100万円未満」です。ほっ。これで私も一安心です（笑）。

　1章で、グラフの縦軸・横軸に気をつけようと説明しましたから、この図2-1を見たときに、軸が気になって仕方がないという人もいるでしょう。そんな人は、横軸の範囲（階級）が100万円、200万円、500万円、1000万円と異なっていることに気づいたはずです。もう1つ、4000万円以上が10.2%もいて気になっていると思います。「以上」は、同じとそれより大きいものを合わせたものです。

　つまり、1億円や10億円を貯蓄している人が全部、4000万円以上に含まれるわけです。アベレージの場合、それらの値が全部そのまま合算されますから、メディアンやモードより大きな値になるのです。100点満点の試験、身長・体重など上限（や下限）が（ほぼ）決まっている場合はそのような変動はないのですが、預貯金や給料などの場合、持っている人・もらっている人はものすごく多く持っていたり・もらっていたりしますから、アベレージだけ見るのは誤解を招く可能性が出るのです。

　さて、毎年、高校3年生の男子の平均身長が171cm、女子が158cmなどと報告されています[2]。その場合、その平均値がアベレージ・メディアン・モード

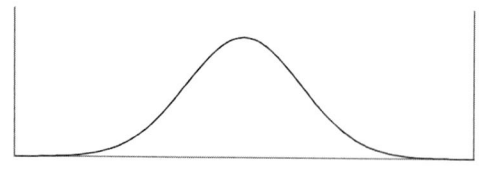

図 2-2　正規分布

のどれなのかは調べる必要はありません。どれもほとんど同じになるからです。人間の身体に関するデータや多くの成績などは、それぞれの平均値が一ヵ所に集中する「正規分布（normal distribution）」（図2-2）と呼ばれる左右対称な釣鐘形の曲線になりますね。この場合、アベレージ・メディアン・モードが一致します。

　貯蓄額（資産保有額）や所得などは正規分布に従いません。右側に長く伸びる形になります。そこで注意が必要になります。繰り返しますが、このような場合、いくつかの飛び抜けたデータが、他の平均に大いに影響を与えるからです[3]。

　例えば、2人がそれぞれ1000円ずつ持っていたときのアベレージは1000円。だけど、もう1人加わってその1人が3万1000円持っていたら、(1000 + 1000 + 31000) ÷ 3 = 11000 という簡単な計算によって導き出された結果として、3人のアベレージは1万1000円になってしまいます。3人のうち2人はアベレージのなんと11分の1しか持っていない。にもかかわらず、アベレージ自体はたしかに1万1000円なのです。

　就職活動などである会社の給与の部分を読んでいたところ、「平均月収35万円」と書かれてあっても、それがアベレージならば、メディアンやモードに気をつけなければならないのは明白です。その会社は、社長が200万円、部長が100万円、平社員が20万円、入社数年くらいの人が一番多いところかもしれません。

　現在大学生・短大生の皆さんは就職を考えるときに、初任給を非常に気にする人もいますが、長く働くつもりならば、初任給ではなく30歳給与などを気にするべきでしょうね。初任給がいくら高くても、そこから伸びない企業もある

でしょうから。

## 2　偏りの原因

　次に、「偏り」(バイアス　bias) について考えましょう。例えば30年前の同窓生の所得調査などを郵送調査として実施した場合、回答者に偏り（平均所得を下げそうな人びとが入っていない可能性が高そう）があることを視野に入れるべきです[4]。

　社会人読者の皆さんは、「毎月の給料はいくら？」とたずねられたら正直に答えますか？　私はちょっとためらいます（なんて正直な自分！）。所得や貯蓄などプライベートな質問については、虚栄心で大きく言うかもしれませんし、逆に少な目に言うかもしれません。

　調査票の質問項目を丁寧に作っても、実際の調査で「偏り」が大きければ、後の分析で困ります。この偏りについて考えましょう。

　例えば1000人を対象にした調査で、わずか90人しか回答してもらえなかった場合、回答率は9％です。つまり、9割以上の人に調査拒否をされたわけです。その場合、調査に何か問題があるのかもしれません。原因を探って反省しましょう。ちなみに、新聞社やテレビなどの世論調査は5〜6割前後が多いようです。私たち研究者が行う場合、よく言われているのが、郵送法で3割程度、面接法で6割が概ねの目標です（それぞれの調査方法については6章を参照ください）。

　調査全体の標本（サンプル）と回収した標本との分布の程度も確認しておきたいものです。母集団が男女比半々なのに、回収した標本が1対9であったら、性別に関する比較はあまり意味がありません。なぜそのような事態になったのか考えなければならないでしょう。もちろん、どんな調査でも、それが無意味になるわけではありません。偏りが想像できたなら、そのことがわかった上で分析していけばいいのです。

【お題5】調査票調査をするときに、（ミスなど）気をつけるべきことにはどのようなも

のがあるでしょう？　思いつくだけ挙げてください。

　今見たようなものだけではなく、広く考えてみてください。社会調査をするときのイメージを持つことができたら、様々な場面でミスが起こりうることが推察できると思いますが、いかがですか？　そうそう。今回は選択肢がありません。自由に解答を書いてください。それでは用意スタート！

　……さてさて、解答書けましたか？　……選択肢がない解答に慣れていないかもしれませんね。難しかったですか？

【解答（例）5】
　■調査全般の問題
　　①回答者数（少なすぎない）②回答者が偏らない
　■回答者の問題
　　③ウソをつきにくくする　④質問を正確に理解してもらう
　　⑤調査不能（不在や拒否など）を少なくする
　■調査者の問題
　　⑥（他記式の場合）記入ミスをしない　⑦不正をしない
　　⑧データ入力ミスをしない

　これ以外にもいろいろあるでしょう。いくつか書けましたか。
　全然できなかったという方も、気にしないでください。解答を見てようやく出題の意図がわかったという方も、解答がいくつかできていたという方も、いろいろな場合でミス等が起こりうることがわかっていただけたと思います。

## 3　目をひく数字の秘密——レモン50個分とレタス3個分の謎

　ところで皆さんは、健康に気をつけていますか？　私もこの前、「人間ドック」に行ってきましたが、その診断結果によれば、コレステロール値に若干気をつ

けないといけないらしいので、毎朝1時間ほどウォーキングをしている（はずな）のです。それだけではなく、そもそも基本的な「食」を考えて健康に過ごしたいですね。そんな自分の話は脇に置いて、本題です。

「レモン50個分のビタミンC」や「レタス3個分の食物繊維」のような言い回しをよく見かけますね。食生活が乱れがちだと、ついつい外出先で飲み物や食べ物を買うとき、そんなフレーズが付いているものに目が留まりそうです。

調べてみると、レモン1個分のビタミンCとは「ビタミンC含有菓子の品質表示ガイドライン」で20mgと換算するものとされていました[5]。つまり、3個分ならビタミンC 60mgということですね。60mg。すごい……って、1gの1000分の60ですよね。……メチャメチャ少なくないですか！？

日本食品標準成分表を見ると、レタスの食物繊維総量は100gあたり1.1gでした[6]。キュウリと同じです。サツマイモは3.5g、ゴボウは6.1g、レモンもなんと4.9gあります。だったらさっきのレタス1個分って、レモン4分の1個って書けばいいじゃないですか。でも、レモン4分の1個の食物繊維って、いかにも少なそうですね。

ところで、レモンのビタミンC含有量は100mgですけど、ゆず（果皮）は150mg、パセリ120mgと比べても少ないこと、知っていました？

ビタミンCの1日必要摂取量は50-150mg。食物繊維は17-20gだそうです。

基準にレモンが使われるのはもちろん、数値のキリがよいこともあるでしょうが、私たち受け手からすれば、食材の一般的イメージが大きいでしょうね。つまり、これらは「表現」の問題だと言えるでしょう。この疑問を、一般的な問題に切り替えてみます。

【お題6】一般の人も利用できる会社の社員食堂で、社員は各メニューの表示価格の4割が自己負担額でした。ところが来月からは自己負担額が6割に引き上げられます。それをどう表現すればいいでしょうか？

(A) 20%増　　(B) 2割増　　(C) 50%増　　(D) 5割増

出題の意味わかりますか？　自己負担額が「4割から6割に」上がることをどう表現すればいいかということです[7]。

これはすぐに解答してしまいます。

**【解答6】** どれも正解です。

何っ？　と思われた方もいるでしょう。

「20％増」（A）　=　「2割増」（B）

「50％増」（C）　=　「5割増」（D）

これはいいですよね。でも、上（A・B）と下（C・D）がさらにイコールなのはどう考えてもおかしい……でしょう。その通りです。ここだけ見るとおかしいですよね。でも、なぜ20％増が50％増と同じなのでしょうか。

こういうときは具体的な数値で考えるとわかりやすいですよ。例えば、1000円のランチ。社員さんはこれまで400円で食べられました。しかし、自己負担額の引き上げで、600円になるのです。この場合、負担額が増えたことをどう表現するかと考えましょう。

A（20％増）とB（2割増）は、今まで4割負担だったのが2割増えて6割負担になると考え、20％アップ（もしくは2割増）と表現しています。今の例で示すと、ランチの定価1000円を基準にして、200円アップすることを20％もしくは2割と表現しています。

C（50％増）とD（5割増）は、今まで400円払っていたのが600円払うことになったので、400円を基準に考えて、それまでの1.5倍の負担になるので、払う割合が50％アップ（もしくは5割増）したと考え、50％アップ（もしくは5割増）と表現したのです（この場合、150％増とか15割増などと言うこともできます）。

実は、まったく同じことを示しているのに、「何が増加した」かの視点（立脚点、基点）を変えただけで、ウソではないのに、表現が変わってしまうのです。この例では、1000円を基準にするか400円を基準にするかということで、表現が変わってしまいました。

皆さんは、このお題を見て、何を基準としていたでしょうか。それによって、

A・BかC・Dのいずれかだけが正解だと思っていたのではないでしょうか[8]。他の基準がありうることを知ることが大事でしょう（もちろん、これは、その立脚点（基準）を皆さん任せにしていましたから、単なる意地悪問題だと批判されても仕方ありませんけど）。

レモン1個分のビタミンは、イメージしやすい食品を出すことで、その製品をアピールしたい「表現」方法の1つでした。この【お題6】も、負担が大きくなると強くアピールしたい場合はCやDを選び、5割増しとか50％増とすれば負担が大きい印象を与えられます。逆に、負担増を少しでも弱めたいならば、Aの20％増やBの2割増と表現すればいいでしょう。

「ものは言いよう」、皆さんに注意喚起したかったのは、まさにそれです。

【本章のポイント】
(1) 中心を示す値を覚え、使い分けできるようになりましょう。アベレージ（average 平均値）、メディアン（median 中央値）、モード（mode 最頻値）の3つは完全に使いこなしたいです。
(2) 「偏り」の可能性を常に考えましょう。
(3) 様々な「表現」に惑わされないようにしましょう。数値を操作して自分の「勝手な解釈」をする場合もあります。「結論」に至る論理に誤りがないか常識的に考えれば、間違いは見抜けます。数値算出の基準（立脚点）を確認しておきましょう。

【注】
(1) 総務省では、幅の大きさを変えたグラフを提示していますし、統計の説明も丁寧にされています（http://www.stat.go.jp/data/sav/sokuhou/nen/index.htm）［総務省統計局　家計調査報告（貯蓄・負債編）―平成23年平均結果速報―（2人以上の世帯）］2012.7.30閲覧。
(2) 学校保健統計調査によれば、2011年度で男子170.7cm、女子158.0cmとなっています［学校保健統計調査報告書　2011］。
(3) データのちらばり（分散）については10章で扱います。なお、データを小さい順に並べ、25％、50％、75％にあたるものを「四分位」と言います。
(4) ［ハフ 1968:14-21］を参照。同書は社会調査や統計を扱う人にとって、今なお読むべき価値のある本です。

3　目をひく数字の秘密――レモン50個分とレタス3個分の謎

(5) 1987（昭和62）年に制定された「ビタミンC含有菓子の品質表示ガイドライン」は、ビタミン又はビタミン及びミネラルを添加した菓子のことです。ただし、2008（平成20）年に廃止されました。
(6) ［香川 2005］参照。本章の以下に出てくる数値も同じ。
(7) 実際に、医療費の患者自己負担が2003年度から2割負担から3割負担に引き上げられたことを例にした説明もあります［小寺 2002:122］。このお題は、それをヒントにした問題でした。
(8) ［加藤 2007］は10年前と比較した結果表現、5年前と比較した表現の差を紹介してウソはついていなくても正反対の印象を与えると指摘しています。

## 【おまけのお噺】 猫の皿

次のお題を考えてください。
ある喫茶店に入ると、その店の飼い猫らしい汚い猫がなめているえさ皿。よく見ると、実は高価な名器でした。飼い主は皿の価値がわかっていないようです。古物商のあなたは、その皿をどうやって手に入れますか？
(A) 皿が気に入ったと言って安く買い取る
(B) 名器だと話して正しい値段で買い取る
(C) 猫が欲しいと言い、ついでにえさ皿もと提案する

これは「猫の皿」という有名な噺を、現代風に少しアレンジしたものです。実際の噺では、道具屋が、川岸の茶屋で同じシチュエーションに出遭います。「高麗の梅鉢」という300両もする名器が、田舎の茶店で猫のえさ皿に使われていたのです。猫を抱き上げた道具屋は、この猫が欲しいと言います。茶屋の主人は、家族同様だからと断りますが、「鰹節代だ」と3両を出し、主人の了承を得ます。そして、「食べ慣れた皿がいいからこの皿もついでに」と主張したところ、その主人はえさ皿を高価な名器と知っていたため、断ります。驚いた道具屋は、なぜそんな高価な皿でえさをやっているのかたずねます。すると、主人は「ときどき猫が3両で売れますから」。見事なサゲです。

物欲とお金がらみの失敗談は、落語によく出てきますが、ある意味「逆転の発想」がここには含まれているのでしょう。猫のえさ皿に高価なものが使われるハズはないという思い込み、田舎の茶店の主人が名器など知っているはずはないという思い込み、そして、猫を売って稼ぐという発想……。

なお、本書で紹介した噺は、すべて、寄席・独演会・CD等で私が直接聞いたものを自分なりの解釈でストーリーをまとめました。間違いがあれば、すべて私自身の責任であるとあらかじめお断りしておきます。

# CHAPTER 3 25%は30%より上？
## ──視聴率と誤差とサンプリング

**key words** 視聴率、標本誤差、サンプリング、ランダムサンプリング

### 1 視聴率とは何か

　皆さんはテレビ番組の視聴率を気にしますか、しませんか？　私のある友人はドラマ好きで、クール（季節）ごとに、自分の好きな番組の視聴率で一喜一憂しています。年末の紅白歌合戦の視聴率は、年始に集まる親戚たちとの大きな話題の1つでもあります。

　でも、視聴率ってどうやって求められるかわからず語っている人って多くないですか？　視聴率は少ない標本（sample サンプル）を分析することで、母集団たるテレビ視聴世帯の視聴動向を推定しようとする「標本調査（sample survey）」の典型です。今回はサンプリングと誤差について考えてみたいので、その糸口として、視聴率を考えてみましょう。

　早速、本章の1つ目のお題です。
【お題7】世帯視聴率25%とは、何を示していますか？

　視聴率の歴史は、いくつもの良書に詳しく書かれてあります[1]。本書では簡略化した説明のみで、後は、算出方法を確認します。
　視聴率調査の方法は、①世帯対象の機械式、②個人対象の日記式、③個人対象の機械式という3つの方法です。現在もっとも利用されているのは①です。日記式は自ら見たものを記録する形ですが、機械式の場合、テレビがついている番組が視聴した番組という形式（「テレビの前にいる」=「視聴している」）という前提です。

①は測定・集計・記録がすべて自動です。1987年頃よりメーター式視聴率調査が開始され、受信しているチャンネルを1分単位で24時間記録する方式となりました。また、記録されたデータは、日報として放送の翌日には報告されています。

　この調査対象世帯は何世帯あると思いますか？　全国27地区で6600世帯だそうです。皆さんは、多いと感じましたか？　少ないと感じましたか？　私の「生活統計」の授業でこの話を聞く短大生は、異口同音で「少ない」と言っていました。日本全国の約1億2800万人の人口（2010年国勢調査）で考えると、桁外れに少ないと感じるのでしょう。国内の総世帯数は5195万504世帯（同調査）ですから、約5000万世帯として考えると、6600世帯とは全世帯の7576分の1（0.0132％）しか調べていないということになります。1％未満ですから、「少ない」という感想は妥当でしょう。

　この6600世帯のうち、関東・関西・名古屋の3地区では600世帯ずつ、他24地区は200世帯ずつを調べています。

【解答7】ある調査地区における600（or 200）世帯のうち、その時間帯にテレビをつけ、チャンネルを当該番組に合わせていた世帯の割合を示す。

　視聴率は地区ごとに算出され、新聞等で発表されています。私たちはそれらを見て、番組の人気度を確認しているのです。

　具体的な問題で考えてみましょう。

【お題8】表3-1は、「芸能・スポーツ界の披露宴テレビ中継高視聴率」です。2006年夏に話題を呼んだ「陣内智則・藤原紀香」（元）夫妻の結婚披露宴視聴率24.7％は、「芸能・スポーツ界の披露宴テレビ中継」のなかで、関東地区の全視聴者たちが見た11番目の高視聴率だと言えるでしょうか、言えないでしょうか？

　　（A）言える　　（B）言えない　　（C）わからない

　それでは、実際に計算して答えを出してみましょう。

1　視聴率とは何か　　39

表3-1 芸能・スポーツ界の披露宴テレビ中継高視聴率（関東地区）

| カップル名 | 関東地区(%) |
|---|---|
| 郷ひろみ・二谷友里恵 | 47.6 |
| 森進一・森昌子 | 45.3 |
| 渡辺徹・榊原郁恵 | 40.1 |
| 加藤茶夫妻 | 36.0 |
| 神田正輝・松田聖子 | 34.9 |
| 三浦友和・山口百恵 | 30.3 |
| 若島津・高田みづえ | 30.2 |
| 五木ひろし・和由布子 | 27.3 |
| 古田敦也・中井美穂 | 26.2 |
| 小錦夫妻 | 25.5 |
| 陣内智則・藤原紀香 | 24.7 |
| 貴乃花・河野景子 | 24.0 |
| 若乃花夫妻 | 23.9 |
| 大澄賢也・小柳ルミ子 | 23.6 |

　600世帯の調査で24.7%です。関東全体で1500万世帯がありますが、全体で24.7%の視聴率があるかどうか調べようがありません。どうしたらいいでしょうか。そこに「推測統計」という考え方が出てきます（11章のおまけのお話参照）。一部を調べて全体を推定するのです。統計学上はこの考え方を用います。当然、「誤差」は考えなければなりません。

　600世帯というのは1500万世帯における標本（サンプル）です。そこでその標本の誤差を次のように計算しましょう[2]。

$$標本誤差 = \pm 2\sqrt{\frac{世帯視聴率 \times (100 - 世帯視聴率)}{標本数}}$$

これに24.7%と600世帯を当てはめます。すると、

$$\pm 2\sqrt{\frac{24.7 \times (100 - 24.7)}{600}}$$

$$= \pm 2\sqrt{\frac{24.7 \times 75.3}{600}}$$

$$= \pm 2\sqrt{\frac{1859.91}{600}}$$

$$= \pm 2\sqrt{3.09985}$$

$$= \pm 2 \times 1.7605\cdots\cdots$$

$$\fallingdotseq \pm 3.5$$

【お題8】の視聴率関東地区24.7％の場合、上記の計算の通り、誤差の範囲は、±3.5％となりました。ですから、この披露宴に関する、関東地区全体の視聴率は、21.2〜28.2％の間と推定できます。

図3-1は、今までの説明をまとめたものです。

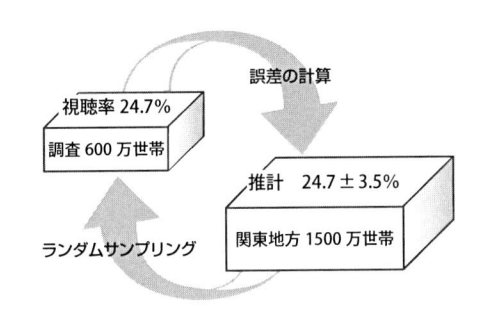

図3-1 視聴率推計の考え方

なお、30％の視聴率の場合、上下ともおよそ3.7％の誤差があります。統計学的には95％が確か（危険率5％）とすることが多いですね[3]。したがって、「視聴率30％」とは、100回に95回当たる確率で「26.3〜33.7％」だと説明できます。同じく標本数600の場合で計算してみると、視聴率10％で誤差±2.4％、同じく20％で±3.3％、さらに40％で±4.0％という誤差が生じることになります。

標本誤差を考えた場合、右の表3-2で示したように、関東地区の視聴率順が示されているこの表では、陣内・藤原（元）夫妻の披露宴の「実際の」視聴率は21.2％〜28.2％の間になる可能性が95％以上と出ました。

つまり、五木夫妻から大澄・小柳（元）夫妻まで（あるいはその下）の間のどこか位置する可能性があるということがわかります。

残念ながら、神田・松田

表3-2 関東地区全体の視聴率の推計値比較

| カップル名 | 関東地区(％) |
|---|---|
| 郷ひろみ・二谷友里恵 | 47.6 |
| 森進一・森昌子 | 45.3 |
| 渡辺徹・榊原郁恵 | 40.1 |
| 加藤茶夫妻 | 36.0 |
| 神田正輝・松田聖子 | 34.9 |
| 三浦友和・山口百恵 | 30.3 |
| 若島津・高田みづえ | 30.2 |
| 五木ひろし・和由布子 | 27.3 |
| 古田敦也・中井美穂 | 26.2 |
| 小錦夫妻 | 25.5 |
| 陣内智則・藤原紀香 | 24.7 |
| 貴乃花・河野景子 | 24.0 |
| 若乃花夫妻 | 23.9 |
| 大澄賢也・小柳ルミ子 | 23.6 |

実際の視聴率の推計値
26.6〜34.0％
21.2〜28.2％

（元）夫妻の視聴率とは「有意な差」があることは間違いないですが、次の三浦夫妻との差は、誤差の範囲内（三浦夫妻の視聴率は 26.6〜34.0％）となるのです。

【解答8】(B)。誤差のため、実際が 11 位と断言できません。

繰り返しますが、「視聴率 30％」と「視聴率 25％」において、その番組を実際に多くの世帯が見ているのは前者だとは限らないのです。誤差を考えると、視聴率が 25〜30％で比較して「有意な差」が出るのは 7％以上差があったときです。

それではなぜ誤差を含むような数字にマスコミは一喜一憂するのでしょう。それは CM と関係が深いのです[4]。私たちはそれらをよく理解した上で、友人のように視聴率を楽しみましょう。

## 2 サンプリング

毎年 12 月頃になると、様々な「ランキング」が登場しますよね（3章のコラム参照）。また、「100 人に聞きました」という内容で物事の「順位」を決めて紹介するものもあります。でもそれは、母集団や標本（サンプル）をおさえたものではありません。聞いた人だけのことを考えるのではなく、全体の状況を考えるならば、何人に聞いたかという実数が問題になるのではなく、対象となる標本の全体に対する割合などが問われるのです。

調査をするときにまず考えなければならないのは、全体を調査するか、部分を調査するかです。前者を全数調査あるいは悉皆（しっかい）調査 (complete enumeration) と言います。5年に一度実施されている国勢調査（5章参照）がその代表格です。国勢調査では調査に 600 億円以上もの予算（2010 年調査）がかけられており、全体結果の公表も、速報値で半年後、全体の報告書は 3 年後などと考えると、時間面・経済面から全数調査が一般的ではないこともわかるでしょう。したがって、通常の世論調査や学術調査では、部分調査が行われます。でも、部分調査で全体のことがわかるのでしょうか。

その説明として、味噌汁やスープの例がよく用いられます。

私たちがお料理を作るとき、例えば、鍋全体の味噌汁を飲まなくとも、おたまですくったわずかな量の味噌汁を飲めば、その味噌汁が薄いか濃いかわかります。全部飲む必要はありません。味噌汁をかき混ぜておたまですくうようなことをするのが部分調査なのです。部分調査とは、そのようにして情報を把握する作業なのです。もちろん、味噌汁はかき混ぜなければ上澄みの味と底の味は大きく異なります。そこで、全体をかき混ぜてその一部を飲むという作業が必要です。そのかき混ぜる作業を標本抽出（サンプリング）法と呼んでいます。

　そのなかでも、社会調査ではランダムサンプリング（random sampling 無作為抽出法）がよく用いられます。母集団（population）に含まれるすべてが標本（sample）に選ばれる確率が等しくなるように設計されたサンプリングのことです。言い換えれば、誰が選ばれるかを完全に偶然に委ねた抽出法です。

　作為的にあそことあそこだけを調査するというのでは、部分から全体は見通せませんよね。内閣支持率を知りたいと思ったときに、その内閣総理大臣の地元の方々だけにたずね、支持率が90％だったとしても、日本全体で支持率が高いなどとは誰も（＝あなたも）思いませんよね。

　そこで、不正のないくじ引きのような形で、サイコロや乱数表・コンピュータを用いてランダムに選び、選ばれた対象へ調査する方法をとります。これが無作為抽出法です。乱数表とは、基本的に0から9までをまったく等しい確率で発生させ、その並び方を記録した表のことです。乱数はその現れ方に全く規則性がないという特徴を持ち、正二十面体のサイコロやコンピュータで発生させます。今は、Excelなどには様々な関数が組み込まれており、乱数もその関数で発生させることが容易です。

　なぜこの無作為抽出法がいいのでしょうか。それは、無作為抽出された標本分布は、理論的に正規分布をとるという特徴があり、その正規分布の構造に関する統計学的知見を応用して、抽出の際の誤差が理論的にもある幅をもって確定できるという点で科学的方法だからなのです（その導入については5章を参照）。

### ①サンプリングの種類と方法

　サンプリング（標本調査）には、有意抽出と無作為抽出に大別できますが、前者の場合、5章で述べるように調査者側の主観で恣意的に調査しますから、サンプルの「代表性」に問題が生じてしまいます。したがって、本章では、後者の無作為抽出のなかのいくつかの種類を説明します。

　(A) 単純無作為抽出法（simple random sampling）
　母集団の完全な名簿をもとにして、順番に番号をつけ、標本の数だけ乱数表を引くなど、その都度抽出する方法です。
　全国で約1億396万人（2012年衆議院選挙時点）の有権者から、5000の標本を単純無作為抽出法で選ぶのはまず不可能でしょう。有権者一人ひとりに番号が付けられているわけでもなく、有権者の情報が一ヵ所に集まっているわけでもないからです。日本全土に点在する有権者に対して、訪問するのは莫大な費用になります。小集団でないかぎり、実際の調査ではこの方法を用いているケースはほとんどないでしょう。

　(B) 系統抽出法（systematic sampling）
　Aの手続きをより簡単にした方法で、「等間隔抽出法」とも呼ばれます。
　母集団に1番から番号をつけるのは同じですが、その後、乱数表を引くのを等間隔に選ぶのです。宝くじやお年玉付き年賀状などの「下一桁」や「下二桁」の当選番号のイメージです。「下一桁」だと、10枚に1枚は当たりますよね。これは、抽出間隔10の等間隔抽出法（系統抽出法）なのです。
　学生数1万人の大学で1000人の標本をとりたい場合は、10が抽出間隔になります。1から10までの1つを無作為に選び、最初が3ならば、次は13→23→……→9993となります。
　この方法の問題点として、サンプル台帳に規則性があった場合、標本に偏りが出てしまう可能性があることです。

(C) 多段階抽出法（multi-stage random sampling）

無作為抽出法を複数繰り返す方法です。二段と三段以上があります。

全国民からの世論調査などの場合、300位の地点をある確率で選び、その住民から等確率n標本を選ぶやり方、だいたい、各地点で平均10人、15人の標本をとる、二段任意標本抽出法が行われました。その場合、最初に「市町村」など調査区域を抽出し、そのなかから「個人」を抽出します。そうすると、調査員は抽出された狭い地域の調査でよく、コストの面で有益です。

以上3つの抽出方法を説明してきましたが、その他、調査対象者の母集団を、調査内容と関係のありそうな分類、例えば、性別・教育歴別・地域別などの観点でいくつかの層に分け、層ごとに無作為に標本を抽出する方法を層化無作為抽出法（stratified random sampling）など、様々な種類があります。

いずれにせよ、時間・費用・労力の制約に基づいて標本数が決められ、その抽出方法も決定されます。

② **標 本 誤 差**

マラソンの距離はご存じですか？　もちろん42.195kmですよね。でもすべてのコースが正確に42.195kmなのかと思ったら……1000分の1のプラス誤差は許容されるのでした。さて、物理学などでは最後の桁は誤差を含む数字であることが決まり事です。物理学に限らず、調査において「誤差」の存在は無視できません。この誤差を統計的に処理できることで、世論調査が科学的に信頼でき、普及したのです。

統計学的に有意な差（危険率）として5％がよく用いられています。社会調査の多くは、母集団全体を調査できないので標本集団を調査しています。それらは正規分布となることが前提で、本章で見たような計算式が成り立つのです。その際、その正規分布外になる可能性を5％（100回調査したら5回が外れる確率がある＝100回のうち95回は正しいと推定していい）とした場合の誤差範囲が、本文で述べられる数値です。当然、標本数によって誤差範囲は決まってきます。

2　サンプリング　45

標本が正しい標本抽出法によって選ばれたものならば、標本の数が大きければ大きいほど標本誤差は少なくなる（人為的誤差）のは、数学が苦手な方にも分かるでしょう。ですが、非標本誤差というものもありますから、これにも気をつけなければなりません。この偏りは、前章でも述べましたが、回答者の虚偽・調査不能・調査員の不正やミス・計算や入力のミスなどです。
　これらをまとめると、次のように説明できるでしょう。
　　「観察された値」＝「真の値」＋「人為的誤差」＋「偶然誤差」

　説明が長くなってきました。ここで、お題を出します。
【お題9】標本数を4倍にすると、精度は何倍になりますか。
　　（A）1倍　　（B）2倍　　（C）4倍　　（D）8倍　　（E）16倍

　視聴率を例に考えましょう。3地区の調査サンプル数600を300と少なくしてみた場合、先ほどの40ページの式に入れて計算すると、300の誤差は±5.0％となります。600の場合は±3.5％でしたから、サンプル数を減らすと、たしかに精度は落ちます。でも、数が1/2でも、精度は1/2になっていません（5.0÷3.5＝……）。面白いですね！
　実は、精度を2倍上げるには、サンプルを4倍にしなければならないのです。そして、サンプルを10倍にしても、誤差は10分の1どころか3分の1程度しか減りません。そう考えると、莫大な費用がかかるならば、誤差があることを承知で調査すればいいという結論になるでしょう。
　以上、長々と説明しましたが、結局、【解答9】（B）2倍です。
　実際に視聴率を0.1％の単位まで正確に計るならば、関東地区300万世帯（全体の5分の1）に視聴率測定器を設置することになります。でも、「費用対効果」を考え、それでいいのかということになります。そこで、「誤差」を理解しておけば、600世帯でも十分意味ある数値なのです。

【本章のポイント】
(1) 視聴率について
　①私たちが目にする視聴率には、上下2～4%程度の誤差があります。
　②関東・関西・名古屋の3地区ではそれぞれ600世帯で調査していますが、統計学的推定の方法を用いて数値を測定しています。
(2) サンプリングについて
　様々な種類があるなかで、ランダムサンプリングを用いることが多いです。サンプル数にも適切な規模があります。
(3) 誤差について
　一部の調査で全体を理解する場合、誤差を忘れずに。

【注】
(1) ビデオリサーチ社のHP（http://www.videor.co.jp/）には、視聴率の歴史やFAQによる説明、歴代高視聴率などが掲載されています。[藤平 2007] [小田桐 2004] [田栗他 2007] も詳しい説明がなされています。
(2) ビデオリサーチ社のHP参照。[大谷他 2005] には、視聴率を用いた標本誤差の詳しい計算が掲載されています。
(3) 「危険率」の説明でわかりやすいものとして [小寺 2002] [飯田 2007] があります。ぜひ、一度ご覧ください。
(4) テレビ広告費は数兆円規模だそうです。広告主は少ない経費でできるだけ多くの人々に広告を見てもらおうと考えます。「延べ視聴率」を制度化したものが「GRP(Gross Rating Point グロス・レイティング・ポイント)」です。GRPは、CMを繰り返し放送したときの視聴率を合算したものです。これが広告指標として業界で意識され、視聴率が経済的価値を持つものとして重視されます。この問題点は [石川他 1998] も参照ください。

　もちろん、嗜好性の多様化で、かつてよりTV視聴率の持つ意味合いは低くなったとも言えますが、世界規模のスポーツ大会などの番組は、深夜でも数十%の視聴率だったなどと報じられると、まだまだ気になる存在です。

## 【おまけのお話】 ランキング

　学力、体力テストなどが出ると、都道府県の順位をつけて報道する新聞等もあります。

　三重県在住の私は、2009年1月の報道「全国体力テストで、三重県44位」に驚きました。文部科学省が小学5年と中学2年を対象に前年4～7月に初めて実施した「全国体力テスト」の結果の公表結果です。よく読むと、小学5年男子が44位、女子42位、中学2年男子が35位、女子32位でした。その記事（2009年1月22日付）には、学力調査で2年連続1位の秋田は、小学5年で2位、学力と体力は関連あるように報じられていました。

　……まいりましたね。47都道府県のうち44位ですよ。三重県の男子って体力ないですねぇ。……でも、あんまり言い過ぎると体育の先生に怒られそう。

　でも、この順位は、8種目のテストの合計点（80点満点）によるものです。1位の福井県は57.76点でした（44位の三重県は52.66点、最下位の高知県は51.61点）。福井と三重の差は5.1点。8種目ですから1種目あたり0.64点しか違いません。1位と47位という印象と、その点数差は、全然違います。これは、各県を点数で順位づけしてしまうと、実際の点数とのイメージ差が大きくなるという好例でしょうか。

　私も、きっと皆さんも大好きなランキング（順位）。ですが、ランキングはどうしても1位から何十位、何百位まで、均等に並んでいるように見えてしまいます。しかし、その差は、ほんの僅かかもしれません。

　テレビや新聞などで、ランキングなどのわかりやすい「数字」が出てくると、わかりやすさゆえに、つい、おどらされてしまいます。でも、逆に考えると、広告・報道で、「数字」をうまく操って示せることがわかっていれば、対応は十分できるのではないでしょうか。本書Ⅰ部では、統計リテラシーと言いつつ、メディア・リテラシーも扱っていたのです。

# CHAPTER 4 いじめ「ゼロ」のウソ
## ——よく見る調査の問題点

**key words** 問題行動調査、学校基本調査、健康診断、メタボ健診

### 1 「いじめ」調査から考える

　2012年夏も、残念ながら、「いじめ」に世間の注目が集まりました。大切な命が失われ、それを守れない学校、とても辛く悲しいことです。

　ここでは本章に関連したことだけ述べます。「いじめ」問題について、実は、2005〜2006年にかけて大きくメディアで報じられていたことは、この2012年の事件の注目をきっかけに、新聞でも再度取り上げていました。当時を思い出された方もいるでしょう。

　「いじめ」による自殺が、2005年時の文部科学省（以下、文科省）で発表された調査資料では、なんと1999年度から2005年度まで、実に7年間も「ゼロ」

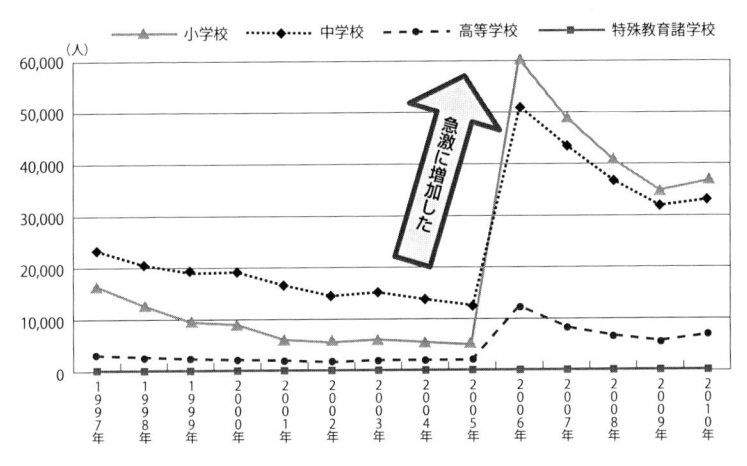

図4-1　文科省「いじめ」調査（1997〜2010年）

だったことが「おかしい」と、当時、世論の不信感と批判が高まりました。

 もちろん、現実にはマスメディアの報道でも頻発していたことがわかっている「いじめ」自殺。文科省では、2006年度の調査から方法などを見直しました。その結果が11月に公表され、2006年度に把握した「いじめ」は「12万4898件」、「いじめ」が原因と思われる自殺数は6件となりました。2005年度のなんと6.2倍にふくれあがったのです（図4-1参照）[1]。なぜこの1年で「いじめ」は急増したのでしょうか。

【お題10】なぜ、このとき「いじめ」数が急増したのでしょうか？
　（A）これまでの調査があまりにもいい加減だったから
　（B）2005年度はみんなに見つからないようにいじめたから
　（C）2006年度はいじめる人が増えたから
　（D）「いじめ」の定義が変わったから

簡単ですよね。【解答10】（D）です。

「いじめ」の定義がこの2006年度から変更されたのです。
　文科省の新たな「いじめ」定義は次のようになっています[2]。「いじめ」とは、「当該児童生徒が、一定の人間関係のある者から、心理的、物理的な攻撃を受けたことにより、精神的な苦痛を感じているもの」。なお、「起こった場所は学校の内外を問わない」。「個々の行為が『いじめ』に当たるか否かの判断は、表面的・形式的に行うことなく、いじめられた児童生徒の立場に立って行うものとする」ということは従来通りです。
　そもそもこの「いじめ」調査とは「児童生徒の問題行動等生徒指導上の諸問題に関する調査」（以下、問題行動調査と略します）のことです。「児童生徒の問題行動等について全国の状況を調査・分析することにより、今後の指導の充実に資する」ことが目的、「暴力行為の状況、出席停止の措置の状況、いじめの状況、不登校の状況、教育相談の状況等」などが調査項目です。また、調査対象

は「都道府県及び市町村教育委員会」の全数（悉皆）調査です。調査期日は年度内、毎年8月と12月に、「生徒指導上の諸問題の現状について」として公表されます。

　2006年度調査の修正ポイントは、報告内容を「発生件数」を「認知件数」に変えたことと、「いじめ」の定義の変更が挙げられます。
　それまでの「いじめ」の定義は、①自分より弱い者に対して一方的に、②身体的・心理的な攻撃を継続的に加え、③相手が深刻な苦痛を感じているという3点がポイントでした。この定義の不明確さ・曖昧さ・問題点は本章で議論するまでもないでしょう。
　調査方法（公立学校のみから国立・私立学校も対象に加える）や質問内容（「自殺」の主な原因を「一つ選ぶ」方法から、「自殺した児童生徒がおかれていた状況」を複数選ぶ方法に）、報告内容まで見直されました。
　それらの結果、「いじめ」件数は、前年度と比べ大幅に増加しました。ただし、その調査でも「いじめ」自殺件数は（中学生5人、高校生1人）にすぎず、他の調査と比べて少ないように思われます。
　そもそも、文科省の従来の調査については、すでに色々な疑問が提示されていました。例えば、法務省の調査との違いを指摘した新聞記事では、次のように述べられていました[3]。
　「法務省の調査によると、学校内のいじめについて『学校側が不適切な対応をした』とする05年の人権侵犯事件数は716件で、04年に比べて22.6％も増加。01年は481件、02年524件、03年542件、04年584件と増え続けている。いじめも執ようで、陰湿な事例が多くなっているという。
　法務省調査は、各地の法務局など人権擁護機関が、『いじめで人権を侵害された』と相談した当事者の申告などに基づいている。
　一方、文科省は、学校や自治体教委の報告を積み重ねる形だ。学校側がいじめを見落としたり黙認したりすれば、統計には反映されない。また、いじめ根絶を目指す自治体が発生件数を具体的な目標として数値化したため、『実態を

目標に合わせて報告する例もあるのでは』との指摘もある」。
　この指摘はたいへん明解でした。文科省の見直しも、これらの批判された部分に対応されているようです。

　しかし、よく考えると、調査内容・方法がここまで大きく変わったならば、その前と比較することがあまり意味をなさないでしょう[4]。数字の持つ意味が変わってしまったのですから……。
　内容・方法が異なるものを比較している例は、まったくないとは言えません。ある例を出しましょう[5]。

【お題11】次の文章の問題点を指摘しましょう。
「1987年の大阪での調査で一日あたりの来室児童数が平均30〜35人、7年後の日本学校保健会の調査では、34〜38人に増加」と記述されていた。

　さて、文科省が学校などを対象にしているこのような調査は、年間どのくらい行われているのでしょうか。
　まず、1948年から毎年行われているものに「学校基本調査」があります。全国すべての学校（国公私立の幼稚園、小中高校、特殊教育諸学校、大学短大等）で、在籍者・教職員数・出席状況・施設・卒業後の進路などを文科省に報告します（小中学校などでは教育委員会を通じてですが）。これは、前章で述べた「全数調査」に該当します。それ以外にも、公立学校の場合、2006年度の段階で、毎年28件の全国調査、抽出された学校が行う調査が3件、数年に1度実施する調査が7件と、合計38件の定期的調査があったようです。1年間に、多い学校で38件もの公的調査が行われてきたことには驚かされますし、その対応は現場にとって大きな負担でしょう。

　さて、「問題行動調査」はいじめに関する公的資料ですが、2006年度の調査では、「ネットいじめ」も約4900件と、全体の4％ありました。

これについて、このような新聞記事が出ています。
「いじめが原因で自殺したと思われる生徒も6人いるという。ただし文科省では、『いじめとの因果関係は分からない』としている。[6]」

これについて、「因果関係」と「相関関係」を誤解している人もいるかもしれないのでここで説明しておきましょう。実験室で行われるわけではない社会調査は、様々な社会現象が複雑にからみあっているうち、その一部を切り取って分析するのですから、「相関関係」は明確に見えたとしても、「因果関係」を簡単に説明できるものではありません。

ある変数（7章参照、変化する値をとるもの。調査等で測定された値）Xがもう1つの変数Yと関係があり、XがYより時間的に先行しており（XがYの原因となり、YがXの結果となっている）、かつ、XとYとの関係に他のZなどの変数の影響がないのでれば、その2つの変数には「因果関係」が成り立ちます。しかし、その他の影響を否定できないならば、「因果関係」ではなく、その2つの変数には「関係があるかないか」、「関係が強いか弱いか」を指摘するにとどめないといけないでしょう。

「いじめといじめ自殺」の因果関係は、教員たちを対象とした文科省の調査票調査で簡単に断定できるものなのでしょうか。違うのであれば、簡単に「因果関係」に言及するのはいかがなものでしょうか。

そもそも文科省の調査は、教員の手を通じて行われるのでホンネが現れにくいという批判もあるかもしれません。しかし、調査でしかわからないところもあるので、しっかりした使い方をする、ということが重要になるでしょう。

さて、お題の解答ですが、【解答11】①比較対象が異なる。②幅が重なっているこの数値範囲で「増加」と断定するのは適切とは言えません。

この解答の解説はしなくても大丈夫でしょう（?）。

## 2　健康診断の問題点

### ①健康情報をどう考える？

　2006年1月の話なので、もうお忘れでしょう。あるテレビ番組で、捏造が話題になりました。そうです、「発掘！あるある大事典Ⅱ」の「納豆ダイエット」。……失礼しました。その後、「バナナダイエット」、「トマトダイエット」でしたか？　後は、ええっと……って、すみません。脱線してしまいました。

　さて、「納豆ダイエット」のような捏造だけではなく、テレビ・新聞等を問わず、様々な「健康情報」が私たちの目の前に出てきていますよね。あなたは大丈夫ですか？　うのみにしていませんか？　ちゃんと、一歩引いて冷静に考えていますか？

　健康に関する食情報の多くは、健康に与える影響を過大評価しています。「脂肪・体重・カロリー、サヨナラ！」というイメージの広告を見ると、体脂肪が燃焼できると思い込むかもしれません。しかし、そこには、全員が必ず痩せるとは書いていないことを知っておきましょう（そんな、にらまないで！）。

　「身体に良さそう」だからと考えて飲んでも身体に良いかどうかは示されていません（あくまでもイメージでしょ！）。そもそも、食生活の乱れ・運動不足・睡眠不足などなどで不健康な状態になっているのに、特定の食べ物（やサプリメント）の補充でまかなえるという考え自体に無理があると思いませんか？

　これらの健康情報を読み解く一方法として、提示される情報の根拠を確認することが重要です。人間対象の研究済のデータ、動物実験等で証明されたデータなどの違いで信頼性は変わってきますね。

### ②健康診断とメタボ健診

　保健室の先生である養護教諭にとって、各年度の最初の大きな行事に「健康診断」がありますね。3月末（あるいは4月上旬）からしばらくの間、養護教諭

の先生方は、たいへん忙しい日々を過ごされていることでしょう（頑張ってください）。

それぞれの検査について「正常」「要観察」「要精密検査」「要治療」などの評価が記入され、継続治療他が必要かどうかわかります。ただしこれも、「要精密検査」となったとしても、決してそれだけで落ち込む必要はありません。この判断も、統計的推計でもたらされたものだからです。……でもやっぱり、落ち込みますよね。

さて、2008年度から、生活習慣病の予防を目的として特定健康診断・特定保健指導（ちまたでは、「メタボ健診」と言っています）が導入されました。私も、腹囲を測ってもらいましたが、85cm未満だったので、とくに問題なしということになりました（メデタシメデタシ！）。

さてこの男性85cm、女性90cmという基準について、異議申し立てが出されています[7]。メタボリックシンドローム（内臓脂肪症候群）の診断基準が話題になっていますが、それは検査値の多くが、男女・年齢を問わない一律の基準であり、適正値が性別・年齢で異ならないという点で問題だと言われています。

日本人間ドック学会が295万人対象に行った2006年の調査によるとすべての検査が「異常なし」と判定された受診者は11％で1985年に調査開始以来最低の数字だったそうです。これをどう考えればいいのでしょう[8]。

項目別に見ると、肝機能異常が26％、高コレステロールが25％、肥満が24％となっており、生活習慣病に関する項目の異常が目立ちます。職場のストレスや食生活の変化と関連づける議論もあります。しかし、全体の89％が異常とされ、4人に1人が高コレステロールというのは、正常と異常の基準自体が正しいかどうか再検討する必要があるのではないでしょうか。先の数値を用いて、「現代人は健康ではない人が多くなった」と結論づけるのは早計なように私には思えます[9]。

健康診断の「正常」と「異常」の差については、そもそも、定期健康診断・疾病異常集計は、校医の疾病や学校健診に対する考え方によって「異常」のとらえ方が違うため、校医が変わると、疾病異常数が大きく変わるなどという話

もあるくらいです。

## 3 統計数値を読む

マスメディアでよく見かける様々な統計数値とどのようにつきあっていけばいいのかを、いくつかの事例を通じて考えましょう。従来、新聞・テレビなどのマスメディアでは、少子化、フリーター・ニート、景気動向など統計資料をもとにした議論は数多くありました。また現在もなお盛んに議論されています。

まずはそのなかの少子化について考えてみましょう。政府の予想を上回る少子化の進行は年金制度破綻を懸念させました。厚生（労働）省は1996年から10年間、年間2000～3000億円の予算でエンゼルプラン・新エンゼルプランを実行しました。ここで何が行われたかというと、保育所の充実による働く女性支援でした。それはなぜでしょう？ 保育所の待機児童をなくし、女性が子育てしながら安心して働ける環境を整えれば出生率が回復するという女性学・人口学・社会学・労働経済学などの学者たちの予測に基づいたのです。

結果は一目瞭然です。出生率は1996年の1.43から2005年の1.26へとほぼ下落の一途、その後、やや持ち直したものの、2011年で1.39と低調は続いており、彼女・彼らの予測は間違ったと結論づけられました。

これに対し社会学者の赤川学さんは、自らの著書で、男女共同参画社会が進めば出生率が上昇するとの理論の裏づけで提示されたデータに多くの恣意性を見出しました[10]。いわゆるウソに基づいて議論されたというのです。

とくに、先進国における女性労働力率と出生率の正の相関に注目しました。先進国をOECD加盟国としたそのデータは、加盟国25ヵ国（1995年当時）のうち、13ヵ国しか用いられず、しかも、その選定基準は示されていなかったのです。赤川さんが25ヵ国で計算し直したところ、なんと負の相関、女性の社会進出が進めば出生率は低下するとの結果が出たのです。

ジェンダー開発指数（国連開発計画）と出生率の正の相関も、統計として参入するデータをOECD25ヵ国にすると正の相関がなくなることが示され、さら

に、女性の社会進出以外の要素も含めて、重回帰分析を行った赤川さんは、28～39歳までの有配偶女性において、フルタイム従業、本人収入、都市居住の3つの独立変数（7章参照）が、出生率低下に有意に寄与するとの結果を見出しました。つまり、<u>男女共同参画が少子化を促す</u>ことを示したのです。

　結果が出た後の学者たちの対応を、①無視②言い訳③開き直りだと鋭く分析している本もあります[11]。①無視の場合、日本のM字型雇用（出産育児等で職場を離れ、その後戻ってくるパターン）が問題視されることも多くあります。しかし、例えばオーストラリア・ニュージーランドなど出生率が高くM字型の国などが、データから省いて議論されています。掛谷さんによればこれらの論者は出生率が複合的原因であるのに、単純化して男女共同参画のみで議論しているというのです。困ったものではありませんか。恣意的にデータを用いて議論している者が非常に多いということなのです。

　……ユーウツになってきました（笑）[12]。

　さて、関連してもう1つ、保育所の「待機児童」について考えたいと思います。認可保育所に預けたくても空きが無く入所できず待機している児童のことです。少子化で子どもが少なくなったとはいえ、共働き世帯が増加し、保育所が必要になります。しかし、認可保育所に空きが少ないのです。1990年代後半から待機児童は3万人を超える水準で推移しました。当時の政府は、「待機児童ゼロ作戦」を行い、2002～04年度の3年間に15万人の受け入れ増を考えました。さてここで、本章最後のお題です。

【お題12】「待機児童ゼロ作戦」で「待機児童」数はどうなったでしょうか？
　（A）減った　　（B）変わらなかった　　（C）増えた　　（D）不明

　まず、仮の解答から。2000年度3.4万人で、2004年度2.4万人でした。つまり、（A）減った、が正解で、この作戦は成功したということになります。

　「仮の解答」って何？って思った人いますよね。スルドイ！

実は、この作戦の2000年、厚生労働省は「待機児童」の定義を変更したのです。新定義では、①他の入所可能な保育所があるにもかかわらず、特定の保育所を希望して待機している場合、②認可保育所へ入所希望していても、自治体の単独施策によって対応している場合、「待機児童」から除外しました。そして、表向きの待機児数は減少したのでした。上記の人数はこの結果です。

　ところが、それ以前の定義の待機児童は、4万人前後と増えていたのです。保育所の入所児童を増やしても、入所希望者が同時に増え続け、待機児童は一向に減らなかったのでした[13]。

　ということで、図4-2を見ると、本当の正解は(C)増えた、ってことでしょうね。本章最初にお話しした「定義」の話をもう一度して、本章は終わります（それだけ大事だと川又は考えていると思ってください）。

　恣意的なデータや不確実な情報、そして定義の変更などに惑わされないように、お互い気をつけましょう。

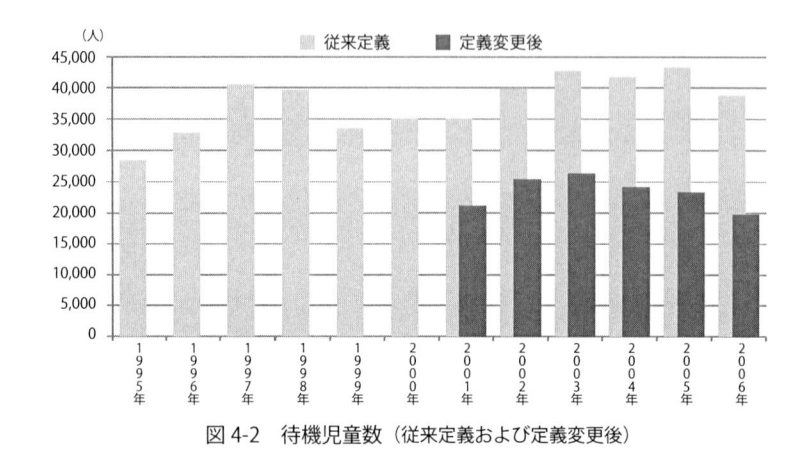

図4-2　待機児童数（従来定義および定義変更後）

【本章のポイント】
(1) 調査項目の「定義」は大変重要です。途中で変わったら、その数値の変化に意味がなくなる可能性もあります。
(2) 健康診断・メタボ健診いずれも、うのみにするのではなく、数値の意味を理解した自分なりの判断が重要です。
(3) 統計数値を読む作業は、マスメディアから毎日出てくる報道などで訓練を積んでいきましょう。日々努力！

【注】
(1) 数値は文部科学省から発表される「児童生徒の問題行動等生徒指導上の諸問題に関する調査」より。なお、本章のグラフ図4-1は筆者が作成したものであり、［文部科学省 2008:85］には、平成17年と平成18年の調査は明確に異なるものであると強調されていることは指摘しておきます（波二重線で区切られています）。ただし、「いじめ」統計のグラフは、平成19年度以降の『文部科学省白書』には、なぜか記載されていません（ウェブでの上記調査報告には、グラフも掲載されています）。
(2) 「いじめ」の定義は［文部科学省 2008:85］で変更が明確に記されています。
(3) 毎日新聞、2006年10月23日。
(4) 「学校保健統計：鼻疾患 小学生の12％、ぜんそくも過去最高」という記事がありました（中日新聞、2007年12月13日）。文科省はぜんそくが増えたことについて「アレルギー情報が一般的になり、これまで風邪だと思っていたものがアレルギーと分かったケースもあると考えられる」と述べています。医学が進んで病気の種類も増えたということに関連しますよね。「ぜんそくが増えた」のではなく、「ぜんそくと認定された数が増えた」ということなのです。
(5) ［松岡 2005:88］。
(6) 朝日新聞、2007年2月8日。
(7) ［大櫛 2007］［岡田 2008］他。
(8) 中原英臣さんが、「正論」で「日本人の『正常値』とは何だろう」というタイトルでも議論しています［中原 2007］。
(9) ［ベスト 2011］は、アメリカの連邦政府がBMIの正常値上限を引き下げたため、正常だった2900万人が、突然、「太りすぎ」とされたと指摘しました。どこもかしこも……。
(10) ［赤川 2004］。以下の内容は、同書の私なりの要約です。
(11) ［掛谷 2007］。以下の内容は、同書の私なりの要約です。
(12) 社会政策に関連して、地道な社会調査を実践してきた金子勇さんは、それをまとめた［金子 2006］で、少子高齢社会への提言をしています。ぜひ読んでください。
(13) これは［川又 2011］で少々議論しています。厚労省は2008年2月に「新待機児童ゼロ作戦」を発表し、10年間で利用児童数100万人増等の数値目標を掲げました。もちろ

ん、この「作戦」でも待機児童はゼロにならず、図4-2の通り、2万人前後で推移しています。そもそも、待機児童の定義に換算されない「預けたい」人びとが潜在的にいます。認可保育所に預けるため、市町村に保育所入所申請書を提出し、入所要件に該当すると判断され、かつ空きがある場合のみ「待機児童」とされるので、「子どもがいるから働けない」人びとは、入所申請しない限り、その子どもたちが「待機児童」と（統計上）見なされることはないのです。その潜在的「待機児童」は約85万人もいると推定されています……。

## 【おまけのお噺】 時そば

　「時そば（時うどん）」はとても有名な噺ですよね。江戸ではそば、上方ではうどんで語られることが多いのですが、登場人物や設定も若干異なり、それ自体も興味深いです。

　当時の夜鳴きそば（うどん）は、十六文と決まっていたそうです。ある晩、十五文しか持っていない男が、「当たり屋」という店で、一杯のそば（うどん）を注文します。主人（あるじ）に対して、どんぶりや箸、出汁、そば（うどん）、店の名前と褒めちぎり、食べ終わっていよいよお勘定。代金を十六文と確認し、小銭でということで持っている一文銭を「一つ、二つ、……」と渡していきます。八文まで渡したとき、「いま何時だい」と主人にたずね、「九つで」（現在の深夜零時頃）と答えさせ、その九つ分をとばして「十、十一、……」と出して、結果、一文得をします。

　時そばでは、そのやり取りを見ていた他人の慌て者が、時うどんでは、そもそも二人組が一杯を食べる設定で、兄貴分の計略を、一緒にいた子分が、昨晩の真似をしたくて、次の夜、待ちきれずにそば（うどん）屋に声を掛けます。そして、そば（うどん）を褒めまくります（が、昨晩とはまったく違う店でひどくまずいものでした）。ようやく支払いとなり、「一つ、二つ」と銭を出していきます。ところが、早い時刻に店に来てしまったので、「いま何時だい」の答えは「四つで」（現在の夜10時頃）。「しまった！」と思ったはずですが、もう止まりません。そのまま、「五つ、六つ、……」と、四文多く払うことになって、サゲとなります。

　さて、かけそば一杯を単純計算で320円とすると、一文20円と換算されますから、一文の得は20円のこと。ですから、これは得したいというより「遊び＝シャレ」ってことでしょう。ゲーム感覚（でも、現実社会でしてはダメですよ！　←教師目線）というか……。

　そして、それをタダ真似するだけの慌て者が、重要なポイント（刻）をずらして失敗するところが、何とも面白いです。

　現代と違い、太陽の昇る「明け六つ」（五つ、四つ、九つ＝正午、八つ、七つと数えていく）から、日が沈む「暮れ六つ」までが昼間（その逆が夜）の時代、夏と冬は（今の時刻に当てはめると）明け六つの時刻が違うというのを知ったとき、私は落語の世界にとても魅かれたのです。

# CHAPTER 5 調査法の変遷
## ——ランダムサンプリングから RDD へ

**key words** 人口調査、貧困調査、ランダムサンプリング、国勢調査、世論調査、マーケティングリサーチ、RDD

## 1 社会調査の歴史

### ①人 口 調 査

【お題13】人口調査は、いつ頃から行われていたでしょうか？

　さあどうでしょうか。いきなりお題からスタートです。
　これは世界史を学んだ人ならわかると思いますが、エジプト、バビロニア、中国など大帝国・王国などでは統治を確かなものとするために行われてきました。ローマ帝国でも5年おきに、ローマ市民を数えて税を取り立てていました[1]。そしてそれは、「イエス・キリストがなぜ馬小屋で誕生したのか？」という答えになります。住民登録（人口調査）のために、父ヨセフが自らの土地に母マリアとともに戻る途中で出産されたのがイエスなのです。宿屋はどこも空いておらず、泊まる場所がなかったため、馬小屋での出産となりました[2]。
　日本においても、645年の有名な「大化の改新」以降、戸籍調査が行われました。そして、702年に「班田収授の法」以降、6年おきに人口調査が行われ、徴税と徴兵が課せられました。もちろんこれは中国の制度を導入したものですが、土地と税金が行政においてたいへん重要であることが知れわたったことになります。この人口調査は、社会調査のルーツと考えていいでしょう。

【解答13】古代の文明（エジプト文明等）の時代から。日本でも奈良時代前後から。

ただし、人口を調べることと「社会調査」自体はもちろん異なります。現在はセンサス（census）という用語を、人口統計以外の、農業・工業・商業などの各産業における行政統計調査でも用いています（農業センサスなど）。

### ②チャールズ・ブースとラウントリーの貧困調査

一般的な社会調査のテキストでも多く言及されていますが、近代的社会調査は、イギリスの「貧困調査」が源流の１つと見なせます（他にアメリカの世論調査があります。その中心的話題として大統領選挙予測を後述します）。

そこで本書でも、チャールズ・ブース（Booth, C.J.）とラウントリー（Rowntree, B.S.）の調査を紹介したいと思います。彼は、収集した事実から社会生活に関する仮説を検証しており、まさに私たちが行おうとしている調査票調査の範型（プロトタイプ）と見なせるからです。彼は、産業社会に特有な「貧困」という社会現象を対象にしました。

皆さんは「貧困」をどう他人に説明しますか。ある人にとっては1000円あればその日１日を優雅に暮らせるかもしれませんし、ある人にとっては1000円では、一食の食事代にすらならないかもしれません。そうです。「貧困」ということは人によってとらえ方が異なる言葉ですよね。

それを「科学」的に扱うには、皆に共通する説明が必要になるわけです。ブースの研究は、一定の限界がありますが、初めて社会的レベルで「科学的」方法を通じて実証し、その実態を「数量化」し、それを表現することに成功したと言えるのです。

ブースは貿易会社など実業家として成功を収めます。その後、王立統計協会に加入し、データ分析の方法を学びました。

1880年代前半、大不況に襲われたイギリスでは、貧困について議論されました。ブースは「労働者の25％以上が貧困」という調査結果を誇張されたものだと考えました。民衆の生活水準は向上しているはずだと考えたのです。そし

て、3年間の調査研究を実施して、この誤りを明らかにしようとしました。実に1886〜1902年まで17年を要した調査研究の結果、「貧民は人口の30％」にも及んでいたことが明らかになったのでした。

彼の「ロンドン調査」は、「貧困調査」「産業調査」「宗教的影響力調査」の3つで構成されています。調査のなかでブースは、貧民の状態の記述と、社会生活の量的把握を統合しました。自分で得た貧困の測定値を、収入・職業・住居などの尺度と関連づけて分析し、その原因を明らかにしようとしました。そして貧困層と富裕層を区別するために、ロンドンの人口を、職業・雇用形態などの指標から、8階層に分類しました。そのなかで「極貧」「貧民」に該当する人々が全人口の31％ほどいることを示したのです[3]。

19世紀、貧困は個人の怠惰が原因で生ずるもので、一般に個人的な努力で貧困から抜け出すことができると思われていました。ブースは、貧困の原因は個人の側にあるのではなく、社会の側にあることを初めて明らかにしました。貧困の原因は、人々を取り巻く社会的境遇上の問題や、雇用条件の問題にあると説明したのです。

このように調査票を用い、観察も行い、統計的手法と事例研究を組み合わせたことからも、近代的社会調査の先駆者と言えるでしょう。

次にラウントリーです。彼もブース同様に、社会改良に関心を持つ企業経営者でした。ブースの調査に触発され、1899年にイギリスの地方都市ヨーク市で大規模な貧困調査を訪問面接調査により実施しました。日々の生活に最低限必要な栄養量をもとに、生活必需品費用も考慮して、最低限の生活費を設定し、それを上回る収入があるかどうかで、各世帯が「貧困」かどうかを判定しました。

その結果、ヨーク市民の28％が「貧困」状態であることを明らかにしたのです。これはブースのロンドン調査（上記）の結果に近い割合でした。大都市だけではなく、地方都市でも貧困に苦しむ人々が多くいることが示されたのです。

その原因として、社会的要因の比重が圧倒的に高いことも示しました。さら

に、労働者の生活の生涯にわたり、周期的に経済的な浮き沈みを繰り返す「生活周期（life cycle）の特徴も明らかにしました。

ラウントリーの調査方法も組織的で、面接法、留置法、観察法、人口センサスと個人的ドキュメントの資料分析を組み合わせて対象に接近するなど、ブース同様の近代的社会調査と言えます。

### ③日本の調査

さて日本でも、横山源之助（1871-1915）が 1899（明治 32）年に刊行した『日本の下層社会』は、労働問題に関する調査結果が収録されていてたいへん貴重な社会調査の資料だと言えましょう[4]。

横山は、東京貧民の状態、職人社会、手工業の現状、機械工場の労働者、小作人生活事情という章立てで、各社会層が重なり合う部分を複合的にとらえようとしているのがうかがえます。1896（明治 29）年から 3 年間にわたって、各地で労働事情についての、参与観察・聞き取りを行い、資料収集を試み、農商務省にある既存統計資料や雑誌などを活用しました。

その後、労働者が集住していた東京都の月島で、保健衛生調査会を中心に「月島調査（1919-1920）」が行われました。労働者の衣食住、生活状態を調べたものです。その他にも多くの調査が行われました。

第二次世界大戦前は、欧米理論の紹介以外（戸田貞三など）には、農村における地域調査（鈴木栄太郎など）などが行われていました。

## 2　ランダムサンプリングの興隆

### ①D 誌と G 社の失敗と成功

アメリカでもイギリス同様に、社会問題を解決することを目的とした社会調査は 20 世紀に入ってから行われましたが、本書では、その後私たちに大きな影響を与えたものとして、大統領選挙予測の調査について述べましょう。

ジョージ・ギャラップ（Gallup,G.H.）氏が創始したギャラップ社は、現在でも大変有名な調査会社（アメリカ世論調査所は、通称、ギャラップ・ポールです）ですが、このギャラップ社（以下、G社）は、アメリカ大統領選挙の予測で注目を集めました[5]。

　2012年の大統領選挙では、8月末時点で共和党・民主党候補の支持が拮抗していました（2008年も同時期接戦でしたが、結果は、民主党候補が圧勝しました）。1932年のときには、「リテラリー・ダイジェスト」誌（以下、D誌）の大量ハガキ調査（模擬投票）から、誤差0.9ポイントという正確な予測で耳目を集めました。

　ところが、1936年、そのD誌の予想はなんと約20％もの誤差を示してしまいました。G社などは民主党のF.ローズベルト圧勝を正しく予測していたので、立場が逆転してしまったのです。

【お題14】D誌は、なぜ1936年の予想で大きく誤ったのでしょうか？
　（A）回答した人がウソを書いたから
　（B）調査した人が間違って記録したから
　（C）調査した人の発表が間違っていたから
　（D）回答した人のサンプルが偏っていたから

　D誌は当時のアメリカでは中流以上となる電話や自動車を保持する人々からの回答で調査結果を出しました。その結果は当然、有権者全体を代表するものではありませんよね。G社は有権者全体を反映するようにするために、いくつかの基準のもとに、構成比率を対応させて調査をしました。これを、クォータ・サンプリング（割当法 quata method）と言います。

　つまり、【解答14】（D）ということです。

　しかし、G社も1948年の大統領選挙では失敗します。H.トルーマンの当選を予測できなかったのです。多くの世論調査の失敗でその信頼性は大きく揺らぎました。

実は、クォータ・サンプリングにも弱点があったのです。割り当てられた属性であれば、調査員が誰を選んでもよかったという恣意性により、結果的に偏りが生まれる可能性があったのです。この方法は、3章で述べたサンプリングの種類で言うと、「有意抽出法」ということになります。本書で皆さんに「無作為抽出法」をお勧めしているのは、このような失敗が背景にあるのです。

このような偏りをできるだけ排除するためには、母集団から偏りなく一定の確率でサンプル（標本）を抽出する方法を考えなければなりません。そしてランダムサンプリング（無作為抽出法）が登場するのです。

### ②日本の調査の展開

第二次世界大戦後、日本でも様々な社会調査が行われます。

代表的な社会調査ということでは、まず、「社会階層と社会移動に関する全国調査」が挙げられます。SSM 調査と通称されています（Social Stratification and Social Mobility）の略が SSM です。多くの社会学者が参加し、1955 年の第 1 回以降、10 年ごとに実施されてきました。日本社会の全体像としての社会構造を通じて描こうとした調査です。全国レベルのサンプル（標本）調査を行い、10 年ごとの継続調査として時系列データを蓄積し、さらに、データの共有・公開を行っているという点で、国際的にも注目される調査です。

次に、シカゴ大学の National Opinion Research Center が 1972 年から実施している GSS 調査の日本版、「JGSS（Japanese General Social Surveys）」があります[6]。日本版総合的社会調査協同研究拠点「大阪商業大学 JGSS センター」は、2008 年に文部科学大臣から認定された共同利用・協同研究拠点となりました。1998 年から JGSS プロジェクトが始まり、社会学・統計学・政治学・教育学など多様な人材が集結し、共同研究を進めていきました。幅広い分野の研究者が利用でき、時系列分析が可能な、継続的かつ総合的社会調査のデータを収集することを目的に活動を続けています。

それ以外にも、統計数理研究所によって 1953 年から 5 年ごとに実施されている「日本人の国民性」調査、NHK 放送文化研究所が 1973 年から 5 年ごとに

実施している「現代日本人の意識構造」（直近のものは［NHK放送文化研究所 2010］）などがあります。後者の大まかな中身は、生活目標・生き方・家庭や男女のあり方・仕事や余暇・政治・宗教・ナショナリズムなど多岐にわたる日本人のものの見方・価値観の実態と変化を把握しようとしています。

さらに、社会調査士・専門社会調査士の制度ができ、一般社団法人社会調査協会は活発に多くの社会調査士を養成しています。私もその専門社会調査士の一人ですが、大学人・学生以外にも、一般社会で社会調査を役立てる人々の活躍が、会報や研究誌などで紹介されています。また、社会調査に関する多くの課題への取り組みもなされています[7]。

いまや、国勢調査・世論調査・視聴率調査・意識調査などなど、世の中調査で溢れかえっています。そして、調査という名を借りた「調査もどき」もあるようです。

## 3 様々な調査

### ①国勢調査

国勢調査はとても身近な全数調査です。改めてその内容と歴史について簡単に触れておきましょう。

1902（明治35）年12月1日に、「国勢調査に関する法律」が公布されました。そして、1905（明治38）年から定期的に行われるはずでしたが、その前年から日露戦争が勃発したため中止されました。結局、1920（大正9）年10月1日に最初の国勢調査が行われました。

定期的な全国規模での人口の全数調査（センサス）は、世界ではどのように行われていったのでしょうか。アメリカでは1790年以降、10年ごとに実施され、イギリス・フランスなどでは1801年に初めて実施されました。このように欧米諸国が19世紀末までに行われる体制となっていたのと比すると、日本はだいぶ遅れていたと言えるかもしれません。センサスは、現在では一部を除

いて、全世界的に行われていると見なせます。

　日本では、1947（昭和22）年に施行された「統計法」のもと、国勢調査はじめ、多くの統計調査が行われてきました（「統計法」第4条には「政府が全国民について行う人口に関する調査で、行政管理庁官が指定し、その旨を公示したものはこれを国勢調査という」と規定されています）。法律上、これに対する拒否権はなく、虚偽の申告をした場合は罰せられると定められています。

　10年ごとに大規模調査、その中間の5年目にあたる年に簡易（小規模）調査が行われています。もともと、人口の正確な把握を目的としたのですが、後述の通り、国籍・家族全員の性別、年齢、学歴、配偶関係、職業、家計の収入なども調査するようになっています。なお、2007（平成19）年に「新統計法」が公布され、2009（平成21）年4月に施行されました。

　本書刊行の直近では、2010（平成22）年に大規模調査が行われました。大規模調査と簡易調査の違いは調査項目数です。2005（平成17）年の簡易調査では17項目、2010年の大規模調査は20項目でした（表5-1参照）。その結果は、速報値は1年後出ますが、最終的な報告には数年間かかります。現在では、ウェブ上

表5-1　国勢調査の調査項目（2010年）

| 世帯員一人一人に関する項目 | 世帯に関する事項 |
| --- | --- |
| (1) 氏名 | (1) 世帯の種類 |
| (2) 男女の別 | (2) 世帯員の数 |
| (3) 出生の年月 | (3) 住居の種類 |
| (4) 世帯主との続柄 | (4) 住居の建て方 |
| (5) 配偶の関係 | (5) 住居の床面積の合計 |
| (6) 国籍 | |
| (7) 現在の住居における居住期間 | |
| (8) 5年前の住居の所在地 | |
| (9) 在学、卒業等教育の状況 | |
| (10) 就業状態 | |
| (11) 所属の事業所の名称及び事業内容 | |
| (12) 本人の仕事の内容 | |
| (13) 従業上の地位 | |
| (14) 従業地又は通学地 | |
| (15) 従業地又は通学地までの利用交通手段 | |

にも公開されていますので、その回の詳しい数値は自宅で確認できます[8]。
　調査は10月1日現在で行われますが、調査員が調査票を配布し、後で回収するという留置法が用いられています。プライバシー意識が強まるなかで、2000（平成12）年の調査からは、封入して郵送による回収も認められました（さらに、2010年は、東京都でインターネットによる調査もモデルケースとして始められました）。

### ②世論調査

　一般大衆の日常的な生活に関する意識、とくに時事問題や政治に関わる意識・意見を知るための調査が世論調査（public opinion poll）です。全国民を母集団とするため、無作為の適切なサンプルが何よりも重要とされています。とくに、大統領選挙の予測について多くの調査会社が活動していますが、現在では政治だけではなく、消費者行動・教育・勤労生活・家庭生活などあらゆる領域にテーマは広がっています。
　また『全国世論調査の現況』という便利な本もあり、これを見ると、日本の主要な世論調査がわかります。さて、本章最後のお題はこれを使いましょう。

【お題15】『全国世論調査の現況（平成23年度版）』に収録された世論調査は、次の3つの条件をクリアしているものでした。その条件に該当しないものはどれでしょうか？
（A）対象者数（標本数）が2000人以上
（B）調査事項の数（質問数）が10問以上
（C）調査対象者（母集団）の範囲が明確に定義されている
（D）調査票（質問紙）を用いた調査である

　どれも条件っぽいですね。直観（直感ではなく）でどうぞ！
　さてこの年鑑は、調査時期（平成23年度版の場合は平成23年6月）の前年度（4月から翌3月）の間に実施された調査のうち、「個人を対象」とした調査、かつ「意識」に関する調査という限定もあります。行政機関、大学、マスコミ（新

聞社・通信社、放送局)、一般企業、各種団体、専門調査機関、広告業などに照会し、平成 23 年版で 857 件が収録されています。

　それでは解答です。【解答 15】(A) でして、正しくは、対象者数（標本数）が 500 人以上でした[9]。直観的判断の鋭い方、正解、おめでとうございます。間違ってしまった方、次章で頑張ってください。

　さて、本章の説明はもう少しだけ続きます。

### ③ RDD（random digit dialing ランダム・デジット・ダイヤリング）

　日本でも面接法（6 章参照）による調査環境の悪化（個人情報に関する関心の高まり他）により、近年はこの方法が新聞・テレビなどの世論調査で用いられています。

　有権者名簿や電話帳などの台帳を使わず、乱数によって（コンピュータで無作為に）作った番号に電話をかける方法です[10]。

　固定電話の番号を電話帳に掲載しない家庭も増え、名簿方式の電話調査に限界を感じたなかでの方法です。母集団に相当するのは、全国の電話保有世帯。平日実施が多いため、在宅率の高い主婦層回答の割合が大きいこと、男女比で 3：7 という結果もあります。

　この RDD 方式を、毎日新聞社では 1997 年に導入しました（毎日新聞では RDS ランダム・デジット・サンプリングと表記）。朝日新聞社は 2001 年 4 月から定例調査方式を変更し、読売新聞社は 2001 年 9 月から導入しました。共同通信社は 2002 年 4 月より内閣・政党支持調査を RDD 方式に切り替えました。

　それでは、2010 年の参議院選挙のときの新聞の調査について、三重県で入手した全国紙等から説明しておきましょう（掲載日順）。

　朝日新聞（6/27）：6/24 − 25（木 − 金）、「朝日 RDD」（無作為三段抽出法：改選数 1 で 1000 人、2 で 1000〜1200 人、3 と 5 は 1500 人が回答者目標数）。電話番号サンプルのうち有権者のいる家庭にかかったのは全国で 7 万 4706 件、そのうち、4 万 6980 人から回答。回答率 63％（3 年前の参議院選挙の調査時と同率）。

　中日新聞（共同通信社）(6/27)：6/24 − 26（木 − 土）、全国の有権者を対象に、

3　様々な調査　　71

RDD法。有権者のいる世帯にかかったのは4万1550件、3万406人の回答。

　読売新聞 (6/28)：6/24-26（土-祝）、全国の有権者を対象に電話で実施。有権者がいる世帯66873件のうち、41735人から回答を得た（62.4%）。

　毎日新聞 (6/29)：6/27-28、無作為に選んだ電話番号に電話をかけるRDS法を使い、全国の有権者1677人のうち、1089人から回答（65%）。

---

【本章のポイント】
(1) 人口調査はとてつもなく古くから行われています。チャールズ・ブースの貧困調査などから現在の社会調査が始まっています。
(2) ランダムサンプリングはアメリカの大統領選挙と関係があったのですね。
(3) RDDなど新たな潮流にも注目です。

---

　　　　【注】
(1) 本章の社会調査史に関する部分は、参照文献に挙げた社会調査の本以外に、1990年代までに刊行された次の文献も参照しています。いずれも社会調査および社会調査史の重要な文献です。関心ある方は当たってみてください。
　戸田貞三『社会調査』1933年
　安田三郎『社会調査ハンドブック』有斐閣、1960年
　福武直・松原治郎『社会調査』有斐閣、1967年
　島崎稔『社会科学としての社会調査』東京大学出版会、1979年
　外木典夫他編『社会調査論』学文社、1979年
　G. イーストホープ著、川合隆男他訳『社会調査方法史』慶應通信、1982年
　福武直『社会調査［補訂版］』岩波書店、1984年
　川合隆男編『近代日本社会調査史』（Ⅰ）〜（Ⅲ）慶應通信、1989〜1994年
　石川淳志他編『社会調査——歴史と視点』ミネルヴァ書房、1994年
　川合隆男『近代日本における社会調査の軌跡』恒星社厚生閣、2004年
(2) ［大谷他2005：7-8］。ルカによる福音書には、ヨセフが住民登録のため、ガリラヤの町ナザレから、ユダヤのベツレヘムへ行ったことが記述されています（ルカ2:1-4）。イエスの物語をヨセフの視点から描いた映画『マリア』（2007年）などでもそのことが描かれています。
(3) ブースは貧民を「週給21シリング以下」に、ラウントリーは5人世帯での「週給21シリング8ペンス以下」を貧困と表現しました。このような「操作的概念」が、社会調査には必要となります。
(4) (1)で紹介した戸田貞三はこの横山を、日本における近代的社会調査の最初と見なし

ています。
(5) この大統領選挙やランダムサンプリングの歴史は、[原田他 2001][大谷他 2005] などに詳しく書いてありますのでそちらも是非ご覧ください。
(6) JGSS については、[岩井 2002][岩井他 2007][谷岡 2008] など。またウェブサイトは http://jgss.daishodai.ac.jp/index.html（大阪商業大学 JGSS 研究センター）を参照してください。
(7) この調査制度やその後の展開などは、社会調査協会の研究機関誌『社会と調査』も参照してください。
(8) http://www.stat.go.jp/data/kokusei/2010/index.htm#kekkagai（総務省統計局）2012.7.20 閲覧。
(9) 平成 16 年版までは回収率 60％以上を、平成 17 年版は 55％以上を、平成 18 年からは 50％以上を収録しています。なお概要は、ウェブ上でも閲覧できます（平成 23 年度版は http://www8.cao.go.jp/survey/genkyou/h23/h22-genkyou/index.html）2012.7.20 閲覧。
(10) RDD については、[松本 2003][新他 2008][轟 2011] もご覧ください。

## 【おまけのお話】 量的調査と質的調査

　社会が複雑で多様なように、社会調査のデータ収集の方法も多様です。相手によって、使う「武器」は使い分ける必要があります。
　社会調査では、簡単な区分として、量的調査・質的調査という分け方があります。
　量的調査は、「数字で世の中を語る方法」です。現代社会において、多数決に代表される「数の重み」はたいへん大きいものです。そこで、本書ではこれまでずっと、その「量的調査」に関して述べてきました。もちろん、その数字を作成し、読み取るのは、分析者（研究者）です。数字は変わらないとしてもその作成段階や分析段階での問題を忘れてはなりません。
　量的調査の場合、全部を調べることが困難なこともあり、サンプリングという手続きによって、部分調査から全体状況を大まかに把握しようとしています。
　50名程度のクラスの学生を対象に意識調査をすることは可能でしょうが、個人調査で、大学全体の学生とか、市内の住民とか、番組視聴者全体へアプローチすることはほぼ不可能でしょう。そこで、「理論的に適切な規模」まで対象者数を減らして、部分的な調査を行うのです。勝手に都合のよい数で調査するのではなく、「理論的に適切な規模」で調査するというところがポイントです。その際、偏りがないようにサンプリングという手続きが必要になります。
　一方、質的調査は基本的に「内容・中身で現実を語ろうとする方法」です。研究対象を数ではなく中身で選び、それをもって分析していきます。ライフヒストリー・インタビュー、参与観察法などがその代表的方法ですが、ぜひ、読み応えがある良書を手に取ってみてください。

# 第Ⅱ部

# 調査で必要な「イ・ロ・ハ」
## ～社会調査実査編～

# CHAPTER 6 調査の前に考える
## ──二次データの利用と調査法

> **key words** 社会調査、量的調査、質的調査、調査票、仮説検証、公式統計（政府統計等）、レファレンス、インターネット、二次資料、調査法（面接・配票・集合・郵送・電話・ウェブ）

## 1 社会調査とは何か

### ①社会調査の定義

【お題16】「社会調査」とは何をすることでしょうか？

　6章まできて、本書の根幹部分にようやく到着しました（！）。さて、社会調査とは何でしょうか？

　……定義とか用語の説明って、なかなか難しいものでしょう！？　即答できた人はまずいないのではないでしょうか。解答はしばらく説明してからにします。
　社会調査を簡単に言い直せば、「データを収集すること」となるかもしれません。それでは、なぜデータを収集するのでしょうか。
　保護者に携帯電話をねだる子どものことを想像してみてください。「みんな携帯持っているから買って！」と言うより、「30人いるクラスメートのうち、28人が持っているから買って！」と具体的な数値を挙げた方が、親を説得する可能性は高くなるかもしれません（仮に私が子どもにそう言われたら、持っていない2人の方がエライ！　などと言って煙に巻くかもしれませんけどね……）。その28人という数値は、調べないとわからないでしょう。データ収集の1つの理由として、物事の事実を整理するということが挙げられます。

「調査」とは文字通り「調べる」ことですが、ただ調べるのではなく「社会」がその言葉の前についているところはポイントです。自然でも宇宙でもなく社会。社会を調べるのが社会調査です。当たり前？？　びっくりマークが続きましたが、それでは解答です。

【解答16】社会的な問題意識に基づいてデータを収集し、収集したデータを使って社会について考え、その結果を公表する一連の過程[1]。

　私自身独自の定義を提出することも考えましたが、すでに刊行されているテキストで、私が説明したいことにもっとも重なっているのがこの定義だと思ったので、これを解答として紹介しておきます。
　ここで述べられていることのポイントは、社会を調べるときにただ調べるのではなく「問題意識」をもって調べることが重要だということです。

## ②社会調査の分類

　さて、その調査の具体的な方法には何があるでしょうか。
　もちろん、「観察」「実験」「試験」などもあります。自然科学においては「観察」が一般的方法でしょう。小学生時代にアサガオの生長の観察記録をした人も多いでしょう。スズムシなどの昆虫、インコなどの鳥、ハムスターなどを含めた動物の生態に関する観察などもすぐに思い浮かべられます。
　しかし、本書で考えるような社会現象に関する研究、つまり社会科学や人文科学においては「観察」という調査方法は困難と言わざるをえません。例えば、高校生の実態を調べるために、ある高校生に密着して観察するのは、その高校生の通う高校へ入ることも難しいし、その高校生に気づかれた場合や観察していることを予め知らせた場合には、「自然な」状態は観察できません（もちろん、文化人類学における「参与観察」などの方法もありますが、本書ではそれにはこれ以上触れません）。
　また、化学薬品の調合や物理学、あるいは医学などの「実験」という方法も、社会・人文科学では困難でしょう。人為的にある条件を作り出して制御された

条件のもとで、データを得るのは、社会・人文科学においては心理学以外では少ないのです。知能テストのような、「試験（テスト）」も調査の1つです。しかし、知能テストで図られた知能指数は、その人物の一部分を切り取った指標にしかすぎません。そこで、様々な情報を得るために、様々な調査が行われるのです。

### ③社会調査の主体・内容

社会調査の分類は様々な観点からできます。

例えば、主体で分けると、国や行政・マスメディア（新聞社やテレビ等）・調査機関・研究者などに分けられます。

国や行政のものは、国勢調査、事業所調査、労働力調査など、全国規模で数年おきに実施している「基幹統計」が該当します。マスコミ調査としては、内閣支持率調査や世論調査などがあります。調査機関は、各種のマーケティングリサーチ（市場調査）をしています。研究者たちは、各々の研究関心に従った調査を共同・個人で行っています。

続いて、対象別（全体・部分）、データ処理（量的・質的）の組み合わせで、表6-1のように分けられます。

表6-1　データ処理・対象による調査区分

| データ処理 | 対象 | 調査内容 |
|---|---|---|
| 量的 | 全体 | 国勢調査、学校基本調査他 |
|  | 部分 | （よく行われている）調査票調査 |
| 質的 | 全体 | フィールドワーク他 |
|  | 部分 | ライフヒストリー・インタビュー他 |

本書で主に扱うのは「部分を対象とする量的調査」です。この方法の主な手法として「面接法（聞き取り調査）」があります。調査員が対象者に会い、口頭で質問し回答を得て調査員が調査票に記入する方法です。その他、「配票（留置）法」「集合法」「郵送法」「電話法」「ウェブ法」などがあり、一長一短があります。本章後半で詳しく見ていきます。

### ④調査の流れ

「ある問題意識を持って調査を行うことを決め、質問文を考え、選択肢を考え、それらに答えてもらい、それを集計して、その傾向等を分析する」。これが一般的な調査の流れです。「(作業) 仮説 (working hypothesis)」を立て、それを確かめることを行っています。したがって、「仮説検証」型と言い換えることができます。

これに対して、「問題発見」型調査もあります。何かの行事に参与観察したり、誰かの人生について、ライフヒストリーを聞き取ったりすることで、次第に問題が明らかになってくるという場合です[2]。

なかには勘違いして、「調査票調査」をすれば、何か問題が明らかになると考えている人もいるかもしれませんが、そんなことはありません。むしろ、問題意識がないまま調査をしてしまうと、得られたデータをどう扱えばいいのか訳がわからない状態に陥ってしまうでしょう。「仮説検証」型調査であれば、その仮説を作成することに力を注ぎ、その仮説を証明するために調査票をどのように作成するかを考えねばならないのです。安易であってはなりません。

なお、調査にあたって、「文献研究」と「周到な準備」は必須条件です。自らの調査の前に同様の調査があるなら、わざわざ自分で調査する必要はないからです。これについては次節で考えましょう。

## 2　他の資料へのアプローチ

今述べたように、自ら調査票調査を行わなくても、内閣・各省庁・各市町村などの行政、新聞・テレビなどのマスメディア、さらに、調査機関や研究者が行い、すでに発表されている調査は多数あります。知りたいことが、それを見ればいいこともあるでしょう。

例えば、社会学の泰斗エーミール・デュルケムの古典『自殺論』は自ら自殺

率を調べたのではなく、既存の自殺に関するデータを比較して、考察を加えた代表作と言えましょう。

　実は、ここまで話を進めておいてなんですが、「改めて自分で調査をする」のは最終段階だと思ってください。それ以前にある程度の情報が得られたら、それで考察を深めればそれで十分ではないでしょうか。むしろ、その方が堅実かもしれません。

　既存の統計データだけでは解決しない場合、それらのデータを加工・分析しただけで解決しない場合、過去に実施された社会調査を調べることも必要です（後述）。そもそも、私たちが発想するようなことは、すでに誰かがどこかで同じようなことを考えている可能性は十分ありますよね。そして調査が実施していることも十分に考えられます。

　さて、お題です。
【お題17】次のことを知りたいときはどの資料を見ればいいでしょうか？
　（A）児童生徒の不登校の割合
　（B）日本の失業率
　（C）日本に来ている外国人登録者の変遷

　実は、新聞・テレビ等のマスメディアでも、教養的なことを示してくれる新書でも、様々な統計資料が用いられています。お題を解くためにも、簡単ですが、統計資料について少し説明しておきましょう。

### ①公式統計（政府統計、主要官庁統計）

　統計のなかでも、「政府統計（official statistics）」は、公式統計として、よく利用されるデータです（「政府統計の総合窓口」http://www.e-stat.go.jp/）。個人や民間機関のデータに比べ、全国規模の調査がなされ、法的な裏づけのある統計です。
　新統計法（2007年施行、旧統計法は1947年施行）によると、統計は「基幹統計」と「一般統計」に分類されます。前者は「国勢統計」（総務省）、「国民経済計算」（内

閣府)、「学校基本調査」「学校保健統計」(文部科学省)、「人口動態調査」(厚生労働省)、「工業統計調査」(経済産業省) など 56 統計が該当します (2012 年 7 月現在)[3]。

　これらの統計資料は、総務省統計局 (http://www.stat.go.jp/) や各省庁のウェブ上でもアクセスできます。PDF 形式の報告書を読めますし、Excel 形式のデータをダウンロード可能なものも多いです。もちろん、政府刊行物サービス・センター等で冊子体を購入できますし、多くの図書館にも所蔵されています。

### ②図書館のレファレンスコーナーの参照図書

　一般的に調べものをするときに、図書館を利用しなさいとは小学生の頃から言われてきたでしょう。ネット検索も手軽でいいですが、本書では、図書館の利用をお薦めします。

　統計関係で有用なものは、『統計情報インデックス』や『日本統計年鑑』、『日本の統計』などです。大学図書館や町の大きな図書館に行けば、「参考資料室」「レファレンスコーナー」あたりに置かれているはずの有名な書物です。

　その他、辞書・辞典・書誌・年鑑・年表・名簿・白書などは、十分に役立つ資料です。

### ③先 行 研 究

　書籍・報告書・研究紀要・ウェブ上で公開されている論文など様々なものがあります。2012 年時点で「GeNii」(国立情報学研究所の学術コンテンツ・ポータル) のトップページは最初の検索としてたいへん有用です (http://ge.nii.ac.jp/genii/jsp/index.jsp　2012.8.25 閲覧)。論文、本・雑誌、研究課題・成果、分野別専門情報、教育・研究成果という 5 つのデータベースの検索が可能です。現在、相当数の課題が集約されていますので、先行研究を確認する最初の作業としていいでしょう (例えば、「男性養護教諭」というマイナーだと思われるテーマであっても、2012 年 12 月に検索したところ、論文で 6 件ヒットしました)。

　繰り返しますが、自ら関心を持つテーマについて、すでに先行研究があるか

ないかを確認することは絶対必須の行動です。すでにあるならばその調査を確認し、よくよく探してもないならば自ら調査をする必要が出てくるからです。

　他の研究者などが利用した資料を用いて分析し直すことも提唱されています[4]。実際に自らが作った統計資料や、他者が直接集めてまとめた資料を「一次資料」と言うならば、他者の作った資料を用いる場合、それを「二次資料」と言います。従来、「二次資料」より「一次資料」の方が、その対象に直接触れているということで優位性が述べられてきましたが、社会調査が困難な現在、二次資料を用いるという方法も決して珍しくはありません。基本的なところを押さえれば、二次資料を用いる可能性も考えておきたいものです。

### ④ウェブ上のアーカイブ

　先に紹介したJGSS以外にも、札幌学院大学の社会・意識調査データベースプロジェクトSORD（http://sord-svr.sgu.ac.jp/）、東京大学社会科学研究所附属社会調査・データアーカイブ研究センターのSSJDA（https://ssjda.iss.u-tokyo.ac.jp/）などがあります。また、大阪大学大学院人間科学研究科のSRDQでは、「質問紙法にもとづく社会調査データベース」（http://srdq.hus.osaka-u.ac.jp/）を公開し、広く利用が可能になっています。一度、上記サイトを見てみてください。

### ⑤その他の情報

　ウェブ上の様々な資料を探すこともあるでしょう。注意点として、情報が必ず正しいとは限らないということを、確認しておきます（正確さに欠けるものの方が多いでしょう）。

　1つのウェブサイトで知った情報を、それが絶対正しいと思い込んでいるのは大きな誤りです（私の担当した学生さんたちにもいて、厳しく注意しました……）。複数の情報源（例えば百科事典や他の新聞等）に当たって「裏をとる」作業もたいへん重要なことです。ネット情報を多く用いる（社会調査の初心者の方々の）場合、肝に銘じておきたいです。

　様々な統計資料について、ある程度理解できたでしょうか。お題の解答です。

【解答17】
　(A) 学校基本調査（文部科学省）など
　(B) 毎月勤労統計調査（厚生労働省）や、それに基づいた各研究所などの分析結果
　(C) 法務省入国管理局の「外国人登録者」統計

　このお題は、各省庁などの行政資料が多かったですね。まあ意図的に問題を作っていますけど。新聞などで見かける数値がこのようなものだと理解していただければいいかなと思います。

## 3　調査票調査の種類

### ①アンケートと言っているけど……

　社会調査において一番多く用いられる方法は、調査票（質問紙）調査（schedule, questionnaire）でしょう。
　この調査票調査のことを、現代社会では、マスメディアを含む多くの人が「アンケート調査」とか「アンケート法」とか言っています。ですが、もともと、「アンケート」とはフランス語 enquête に由来する言葉です。今日の日本では本来の意味とは違って用いられているのです。
　実はもともと「アンケート」とは、その問題に詳しい少数の専門家などに専門的な意見をたずねたり、特定の状況下にある少数の人々や特定商品を利用する人々に、モニターとしての報告を求める調査のことを指しています。戦後の日本では、新聞社や雑誌などが少数の知識人や有識者に対して、特定の社会問題に関する意見をたずねるために、しばしば本来の意味でのアンケートを行っていました。その後、語感の良さから、通常の調査票（質問紙）を用いた調査全てが、アンケートと総称されるようになっていったようです。
　さてこの調査票調査とは、調査票とか質問紙とか言われる数十問の質問が書かれた小冊子を、調査員が持って調査対象者の所へ出向き（あるいは郵送で送り）、

その調査で知りたいことを質問し、その答えを1つずつ書いたり、選択肢に〇をつけたりしていく方法です。

### ②調査票（質問紙）調査の様々な種類

調査票調査の方法は、色々な分類が可能ですが、本書では、「面接・配票・集合・郵送・電話・ウェブ」の各方法を簡潔に説明します。

この6種類を大きく2つに分類すると、自記式と他記式という分け方があります。自記式は回答者自らが記入していく方式で、「配票・集合・郵送・ウェブ」法が該当します。他記式は、調査者側が記入していく方式で、「面接・電話」法が該当します。

それぞれに長短がありますから、それらの特徴を理解した上で、自分の調査にはどれが適切かを考えなければなりません。

(A) 面接法（聞き取り調査）。調査員が対象者（回答者）に会い、口頭で質問し回答を得て調査員が調査票に記入する方法です。従来の社会調査では、数多くの調査でこの方法が用いられてきました。
　【良い点】信頼度が高い。時間のかかる質問の量でもこなせる。回答率が比較的高い。
　【悪い点】調査員の訓練など費用、時間がかかる。プライバシーの問題。調査員による影響。

(B) 配票法（留置法）。調査員が対象者に調査票を渡し、一定期間後、再び訪ねて対象者が記入した調査票を回収する方法。
　【良い点】調査員の負担小。能率的。回答者が回答しやすい。回答率もやや高い。
　【悪い点】信憑性（回答者が確実に回答したのかどうか）。記入漏れ・無回答。周囲の影響。

(C) 集合法。対象者に体育館や集会室など1ヵ所に集合してもらい、その場で

一斉に回答してもらう方法。(大学の教員が自らの授業時間を使って実施してきた)大学生への様々な意識調査や企業従業員などの意見・態度調査などで用いられてきました。
　【良い点】すべての回答者が同じ条件。費用・時間が安上がり。回答率はほぼ100％。
　【悪い点】集団効果が混入する可能性。理解していなくても回答してしまう。

【お題18】郵送法・電話法の良い点・悪い点を指摘しましょう。
　今まで3つの方法について説明してきましたので、次の2つもこれにならって説明してみてください。

　それでは解答です。それぞれの方法を全体的に説明しますね。

【解答18】
(D) 郵送法。対象者に調査票を郵送し、記入して返送してもらう方法です。全国規模の対象（卒業生調査、全国医師会の意見調査など）で用います。私も先日、鈴鹿短大の卒業生対象調査で用いました（9章参照）。
　【良い点】調査員が必要ないので、人件費がかからず安い。回答しやすい。プライバシーに関わる質問も可能。
　【悪い点】信憑性（誰が回答したのか）、回答率が低い。督促など時間がかかる＝回答の偏り（全体を代表していない）の可能性。

(E) 電話法。対象者に電話し、回答を得る方法です。
　【良い点】短時間に広範な地域で調査可能。回答率の点で能率的。
　【悪い点】信憑性。複雑な質問は困難。固定電話保持世帯のみ対象となる。

　電話調査は、対象者本人かどうかが確認しにくく、電話帳に掲載されるのは戸籍筆頭者（中高年男性）がほとんどという偏りがあり、電話帳への番号不掲載

3　調査票調査の種類　85

も増えているので、日本ではあまり用いられてきませんでした。しかし、先述（5章）したRDDの導入によって、マスメディアの近年の世論調査ではすっかり主流になりました。

最後に、近年かなり普及している調査です。
(F) ウェブ法（インターネット法、オンライン調査）。インターネットを用いたウェブ調査が拡大しています。不特定多数の人に調査回答してもらう「オープン型」と、調査会社が管理・保有している登録者（モニター）たちに回答してもらう「クローズ型」があります。
【良い点】短時間で広範囲な地域で調査可能。省力化できる（データ入力・集計の自動化）。記入ミス減少（自己確認）。
【悪い点】回答者限定（インターネット利用者）。サンプリング不明確（登録者は調査に好意的・懸賞好き）。

### ③調査票調査のその他のポイント

データ数はどのくらい必要なのかというのは、誰もが思う疑問でしょう。簡単な統計上の分析を考えるならば100件以上が1つの目安です。その場合、有効回答率から考えて、例えば郵送法で30％程度と思ったら400通程度郵送すべきでしょう。クロス集計表による分析を行うならば、変数のカテゴリーを5つと考え、比較サンプルを4つ考えるとすると、全体で500件程度は欲しいところです。したがって、個人で調査する場合でも、データ数は500件以上を目指してほしいです。もちろん、予算面との問題も必要です（往復封書だと80円×2×郵送数＝数万～数十万円？）。

また因子分析をするのであれば、項目の5～10倍のデータ数が必要だとも言われています。例えば20項目の場合は100人以上というわけです。

調査で用いる言葉については、その定義をきちんと押さえることが肝心です。例えば、授業の受講生さんに以前、「あなたにとって『貧しい』とはどういうこ

とですか?」とたずねたところ、多様な回答がありました。まず、「金がないこと」「食べたいものが食べられないこと」「家にお菓子がなかったとき」「貯金がゼロのとき」など。これらは何となく想像の範囲内でしょう。「思いやりや優しさがない心の貧しさ」「欲深く、自分のことしか考えない人」「友達も家族もない状態」という回答は、金銭以外のものとして考えられる内容です。私が予想しなかった名(迷)回答として、「他人と比べて考える」「『チロル』(1個10円や20円で買えるチョコ)を買うか買わないかを迷うとき」があります。「貧しい」という用語1つとっても、人それぞれ受け取り方が異なるということがわかります。

調査票調査で同じ用語をたずねても、それが人によって異なるものならば、測定できません。この質問文については次章以降で詳細に学んでいきます。

【本章のポイント】
(1) 社会調査は「問題意識」を持って行うことが重要です。
(2) 他者が行った様々な統計資料をまず検討し、それでも不十分だと思ったことについて自ら実査を行うことをしましょう。
(3) 調査票による調査方法の特徴を簡潔に整理すると次の通りです。
　(A)　面接法　○本人確認可、高回答率　×高経費、調査者の影響力
　(B)　配票法　○本人に会えなくても可　×本人回答かの確認不可
　(C)　集合法　○同条件・効率的、高回答率　×他者の影響
　(D)　郵送法　○多くの質問可・人件費少　×低回答率、時間がかかる
　(E)　電話法　○短時間で広範囲可・効率的　×電話保有、短時間内容
　(F)　ウェブ法　○データ入力・集計等で省力化　×サンプルの偏り

【注】
(1) [大谷他 2005:6]。私はこの本から多くを学びました。
(2) ライフヒストリー・アプローチについては、[川又 2002]などをどうぞ。フィールドワークのガイドブック[松田・川田 2000]、ライフストーリーのガイドブック[小林 2010]も、関心を持った方にお薦めします。
(3) http://www.stat.go.jp/index/seido/1-1n.htm (統計法について)を参照のこと (2012.7.30 閲覧)。
(4) 二次資料の活用については、[佐藤他 2000]や[武田 2007]を参照してください。

## 【おまけのお噺】　五貫裁き

　南町奉行所の大岡越前守の名裁きとされる噺です。
　貧乏長屋に住む八五郎が、堅気の八百屋になりたいと大家に相談すると、ケチな大家は町内連中から寄付をもらうことを提案。かつて、祖父が恩を売ったことを覚えていた八五郎は、最初に質屋の徳力屋へ行きました。しかし強欲で有名な徳力屋。主人万右衛門は、一両どころか一文しか出さない様子。怒った八五郎は、その銭を投げつけ、逆にキセルで叩き出される始末。
　それを聞いた大家が、町奉行の大岡様へ駆け込み直訴をさせました。
　嘆願書が通って、お白州でのお調べ。しかし、一文銭を投げたことで、天下の通用金を粗末にした八五郎に、金五貫文（5000枚×一文銭）が科せられました。貧しいので毎日一文ずつ支払えばよく、徳力屋を通じて奉行所へ届けるよう申し渡されます。怒る八五郎、しかし大家が肩代わりして、一文銭を持たせ、徳力屋へ。徳力屋は、その一文銭を店の小僧に持たせて奉行所に行かせます。すると、町役人五人組共々、主人が来るようにお叱りを受け、さらに、天下の裁きを愚弄したとして同様に金五貫文の科料。翌日以降も、五人組と主人で毎日一文持ってくるよう命令されます。
　大家から渡された一文を持って八五郎は毎日徳力屋へ行きます。そのうち、明日の分だとして夜中に届け、次の日の分、その次の日の分と、一晩中、徳力屋を寝かせないことも。5000日は13年以上かかるのです。一文銭受け取りの半紙代、同行の町役人への謝礼など、実はとんでもないことになったのだとようやく気づいた徳力屋。
　ついに十両で示談を申し出ますが、それをはねつけられ、百両、そして八五郎に店を持たせるとのことで示談が成立しました。
　それまで人のためにお金を使ったことのない徳力屋は、慈善に目覚め……たのはいいのですが、そのおかげで店はつぶれ、八五郎も、結局、店をつぶしてしまいました。と結末はいい噺ではないのですが、表向きの裁きの裏に、名奉行ならではのきついお灸が、結構痛快です。

# CHAPTER 7 何を聞けばわかるのか
――あなたのことは他人に聞こう

**key words** 変数、独立変数・説明変数、従属変数・目的変数、実験群、統制群、仮説、演繹法、帰納法

## 1 変　　数

### ①変数とは何か

　社会学・統計学で出てくる「変数」とは、もちろん「変な数」ではありません。対象となるものが他との関わりのなかで、その量的・質的な特性が変化するものを一般に変数（variable、変化する値をとるもの）と言います。調査等で測定された値は、対象や属性で変化するので「変数」と呼ばれます。「Xの変化にともない、Yも変化する」とき、XやYを変数と呼ぶのです。

　例えば、年齢や身長は「変数」です。年齢は「20歳」や「68歳」など、身長は「153cm」や「175cm」など、「量的」に変化するからです。

　「男」や「女」は、それ自体変化しませんから変数とは言えません。しかし、これを「性別」と読み替えるならば、男と女の2つに分類できる（変化する）ので変数と言えます。ただしこれは年齢や身長などの「量的」変化ではなく、「質的」に変化する変数です。

　20％などの「内閣支持率」も変化する数値ですから変数です。これを「支持・中立・不支持」などの態度を質問した場合も、3種類のうちどれかを選択するというので、変化する可能性のある解答ということで変数と見なせます。

　このように考えれば、変数としてとらえられる「用語（カテゴリー）」を設定できれば、ほとんどの社会現象を変数と見なせることがわかるでしょう。

### ②独立変数と従属変数

　先述した「Xの変化にともない、Yも変化する」ことを少し丁寧に説明しましょう。この文章の「X」にあたるのが「独立変数（independent variable）」（説明変数）、「Y」にあたるのが「従属変数（dependent variable）」（被説明変数）です。

　説明されるべき項目「従属変数」について、その原因を「独立変数」という項目で説明するのです。独立しているのはXであり、Yはそれに従っているのです。つまり、調査者側が操作する変数を独立変数、独立変数によって変化する測定された変数を従属変数と呼びます。

　……と言っても、わかりにくいでしょうから新聞記事で例示します。

　「1人の子どもが幼稚園から高校まですべて私立に通った場合に家庭が負担する費用は約1678万円で、すべて公立の場合の約571万円の3倍近くになることが、文部科学省が20日まとめた『子どもの学習費調査』でわかった。小中学校とも公立に通わせたとしても、大都市に住む世帯ほど負担が大きかった。文科省は『就学援助など所得の低い人向けに支援をしているが、今後さらに充実させたい』と話している」[1]

　いやいや、大変ですねぇ、親ってものは。自分も子育て真っ最中の親として、これからの長期間の出費を考えると頭が痛いところです。まあ、私のことは脇に置いておいて……。

　この記事を読んで「年収と学習費には関係がある」などと考えたなら、それが問題意識です。そして、この問題意識を整理すると「年収が多い方が学習費は高い」という仮説を立てることができます。そのときに「年収」は独立変数、「学習費」は従属変数となります。

　独立変数が従属変数に何らかの影響を与えているかどうかを調べるのが社会調査です。そのとき独立変数と従属変数は逆にはなりません。「学習費が高くなるから年収が高くなる」という説明がおかしいことに気づけば、独立変数と従

属変数という、普段聞きなれない用語でも、すぐに用いることができるでしょう（保護者の年収を比較したときに、学習費が100万円の人と500万円の人について、それぞれ年収の20%ならば、前者は500万円、後者は2500万円となります。でも学習費が高いから年収が高いのではなく、あくまでも年収が高いから学習費をかけられるのだと理解できるでしょう）。

　変数は「変な数」ではなく、「変わる数」であり、社会的現象を数値に置き換えて分析するのが調査票調査の目指すところです。それにより統計学的知見を利用することが可能になるのです。

【お題19】次のうち、どちらが独立変数でどちらが従属変数でしょうか？
　（A）家庭学習時間と学校の成績順位
　（B）オリンピックの視聴率と天気
　（C）退学者数と大学満足度

　さて、解答の前に、少し別のことを述べておきます。
　X（独立変数）の変化にともない、Y（従属変数）も変化することがわかったとして、それが本当に、Xの変化によるかどうかはどうしたらいいでしょうか。そうです（答えましたよね！）、「比較」です。
　実験室で行われる実験ならば、比べたい変数以外は同等の条件にして、実験群（experimental group）と統制群（control group）という比較が可能でしょう。同様に、社会調査の場合でも、Xの変化がない状態を比較したいのです。しかし、実験室ならば統制群のコントロールはしやすいですが、人間社会においては、その統制群の設定はたいへん難しいでしょう。したがって、社会調査では「因果関係」ではなく「相関関係」を示すのだということになります（12章参照）。
　それでは解答です。

【解答19】独立変数は次の通りです（逆が従属変数です）。
　（A）前者（家庭学習時間が長い人ほど学校の成績順位は高くなる）

(B) 後者（天気が良いとテレビは見ず外出するので視聴率が下がる）
(C) 後者（大学満足度が高い大学では退学率が低い）

いかがでしたか？　もちろん、上記の（　）の部分はいずれも、本当にそうかどうかは調べてみないとわかりません。あくまでも仮説ということです。

## 2　仮　説

　調査をする前には「仮説（hypothesis）」を立てる必要があります。もちろん「仮説」は仮の説明ですから、完全なる回答でなくて構いません。しかし、調べる前にはまったくわからないから、誰かに何かを聞けばわかるだろうという態度では、その調査者は失格です。社会調査をするためには、その前に、調査で何が明らかにされるかの見通しを考えなくてはなりません。そのために、「仮説」が必要なのです。

　それでは「仮説」はどうやって作るのでしょう。それには、「独立変数」と「従属変数」を決め、その関係および関係の理由を示すこととなります。

### ①仮説の立て方——演繹法と帰納法

　仮説を立てるときに役立つのが、高校時代に習った（?）、「演繹法（deduction）」と「帰納法（induction）」という懐かしの2つの思考法です。覚えていますか？
　まず、演繹法について考えましょう。
　　A「日本のドライバーは18歳以上である」
　　B「川又くんは運転免許証を持っている」
　　C「だから川又くんは18歳以上である」
　いかがでしたか。わかりましたか。……当たり前だという声が聞こえてきました。すでに知っていることを、新しい例に当てはめて考える推論です。Cを「だから川又君はドライバーである」というのでは演繹法にはなりません。B→Cで終わる話ではなく、A→B→Cと進む考え方を演繹法というのです。

次に、帰納法の例です。
　A「1時間目の福田先生は風邪をひいていた」
　B「2時間目の川又先生も風邪をひいていた」
　C「先生たちは皆、風邪をひいている」
　一つひとつの事例から、一般的な結論を導き出す推論形式です。でもこの例のように、論理的飛躍もありますから気をつけましょう[2]。

　これ以外に、「仮説的発想（アブダクション abduction）」も重要ですが、本書は省略します[3]。仮説を作成するための、演繹法と帰納法は思い出していただけたでしょうか。

### ②仮説を立てる実践

　それでは、次のお題を解きつつ、一緒に仮説の立て方を学びましょう。

【お題20】次の問題意識を持ったとき、どのような仮説を立てればよいでしょうか？
「子どもの有無で政治に対する関心が異なる」

　この問題意識の文章によると、子どもの有無が変数となり、政治への関心度に関係するかもしれないというわけです。
　「子どもがいるかどうかで、政治に対する関心度は異なる」という内容として、「子どもがいると関心度が高い」「子どもがいないと関心度が高い」という2つが考えられます。両方同じくらいということもありえます。それぞれ、子どもがいるので子育ての様々な局面で困難を感じて関心を持つ、子どもがいないので自らの将来を慮って関心を持つなどの説明も可能でしょう。これを一般的に示すならば「XによってYの内容は異なる」ということになるでしょう。さらに「Xの変化にともない、Yも変化する」と言い直せるでしょう。
　いずれにしても、問題意識を持ったら、それを変数に直し、その変数と変数の関係を文章化することで仮説を立てることになります。

2　仮　説　　93

さあ、ここまで来たら【お題20】は簡単ですよね。それでは解答です。
【解答20】「子どもがいると政治への関心度が高い」or「子どもがいないと政治への関心度が高い」or「子どもがいるかどうかは政治の関心度と関係はない」

　仮説ですから自分なりに決めればどれでも正解です。
　ただし、次の段階として、その社会調査（調査票調査）における「関心度」とは何を指すものなのか、調査票にはどういう内容でそれを示すのかを考える必要があります（言葉の定義の問題）。例えば、関心度にあてはまる内容を質問項目に入れてたずね、子どもの有無によって違いがあるかどうかを確かめればいいのです。

## 3　ホンネをつかむ方法

　さて、人のホンネをつかむのはどうしたらよいでしょうか。これはたいへん難しい問題です。社会調査をする人々は（私も含めて）、みんなそれを一生懸命考えています。どうしたら他人の意識や行動を理解できるのでしょうか。それがわかっていれば、恋愛も就職も「勝ち組」になれるかもしれません（とは言いすぎでしょうか）。
　でも、そもそも、人の好き嫌いややりたいやりたくないなどの意識は、調査票調査をしたときに、ホンネで答えているでしょうか。
　本節では、3つのカテゴリー別に、ホンネをつかむ方法を考えてみたいと思います。

### ①一般的な質問と個人的質問

（A）「男性も積極的に炊事・掃除・洗濯等に参加すべきだ」
（B）「あなたは現在、積極的に炊事・掃除・洗濯等を行っていますか」
この質問の違いについてわかりますか？
　（A）は一般的、（B）は個人的な質問です。（A）で肯定的意見が多いからといって、今後男性が積極的に家事に参加すると速断できません。なぜならタテマ

エの意見かもしれないからです。それに比べ、(B) は、実際の状況をたずねています。

(C)「あなたは日本で肝臓移植をもっと推進すべきだと思いますか、それともそうは思いませんか」

(D)「あなたは、死後に肝臓を提供するドナー（臓器提供者）として登録する意思がありますか、ありませんか」

これはこれでいいでしょう。ですが、(C) は一般的質問なので、当たり前の回答が出やすい（臓器移植推進に賛成）ことが予想され、(D) は回答者の個人的な態度（意見）に対する質問なので、ホンネが出やすい（でも自分はイヤだ）と考えられます。このように、一般的質問と個人的質問は適切な場面で使い分けなければならないのです。

【お題 21】次の問題に答えてみましょう。

非常に混み合っているバーゲン会場で、大きな地震がおきました。騒ぎがおさまって自由に動けるようになったらどうしますか。(A) 自分はどうするか、(B) 他人はどうするかを、次からそれぞれ答えましょう。「しばらく様子をみている・放送や店員の指示に従う・われ勝ちに逃げ出す・人々の行動にならう・わからない」

これは平松貞実さんの著書でも紹介されている東京外国語大学の調査を一部修整したものです[4]。その調査の回答は次の通りでした。

【解答（例）21】

|  | （自分） | （他人） |
| --- | --- | --- |
| しばらく様子をみている | 34.0% | 19.0% |
| <u>放送や店員の指示に従う</u> | 48.0 | 20.7 |
| <u>われ勝ちに逃げ出す</u> | 3.3 | 50.3 |
| 人々の行動にならう | 6.3 | 5.3 |
| わからない | 8.3 | 4.7 |

自分は「放送や店員の指示に従う」けど、他人は「われ勝ちに逃げ出す」と考えていることが一目瞭然ですね。皆さんはどう答えました？　ホンネはどっちでしょうか？

### ②普段と特定

(E)「あなたは普段、朝食を食べていますか」
(F)「あなたは今日、朝食を食べましたか」

これはいずれも「あなたは？」とたずねていますから、同じように見えます。でも、普段のことなのか、今日という特定の1日のことなのかが違っています。

皆さんだったらどちらが答えやすいですか？　当然後者ではないでしょうか。毎日ほぼ同じ行動をとっている人もいれば、毎日いろいろ変わる人もいますから、特定の1日や1週間をたずねた方が、回答者にとって記憶が正確で答えやすいのです。最近の国勢調査は「9月24日から30日までの1週間に仕事をしましたか」などと就業状況をアクチュアル・ステイタス（特定期間の行動←この逆が、ユージュアル・ステイタス＝普段の行動）でたずねています。

### ③質問の順番

質問の順番に意味があることを示しましょう[5]。以下の(G)・(H)は平松さんが行った調査の文例です。皆さんも回答してみてください（お題ではありません）。

(G) あなたは、どちらのタイプの先生がいいですか？
　　あ：学生の面倒をよくみるが、講義の内容はあまりよくない
　　い：学生の面倒はあまりみないが、講義の内容は大変よい
(H) あなたは、どちらのタイプの先生がいいですか？
　　う：講義の内容は大変よいが、学生の面倒はあまりみない
　　え：講義の内容はあまりよくないが、学生の面倒はよくみる

東洋大調査（平松）　　　あ 20％、い 77％：う 58％、え 40％
鈴鹿短大調査（川又）　　あ 43％、い 57％：う 60％、え 40％

96　第7章　何を聞けばわかるのか——あなたのことは他人に聞こう

こんな結果が出ています。文章をよく見ると（よく見なくても）、あ・え、い・うは同じ内容です。しかし上記の結果からは、選択率は異なっています。これは問題文の中身の順序による差異によるものと考えられるでしょう。

東洋大では後者に肯定的意見があった方がいいように見えて解答されたように見えます。鈴鹿短大では東洋大ほど差がなかったようですが、同じ内容の文章でも、解答が異なる可能性があることはわかります。

ここでは、記述する順番なども視野に入れて質問を考えるべきだとわかります。

本章はここまで。質問文を作るのって面白いでしょう！（難しいという声ばかりのような……）　それが社会調査の醍醐味です。次章でもっと具体的に考えますのでお楽しみに。

【本章のポイント】
1) 変数は変化する値をとる概念です。年齢、身長、性別や、多くの社会現象は変数となり得ます。
2) 仮説を立てることが重要です。
3) ホンネをつかむために、様々な方法があります。

【注】
(1) 朝日新聞、2007年12月20日。
(2) 演繹法と帰納法は［石川他 1998］を、仮説の立て方は［大谷他 2005］を参照しています。
(3) アブダクションについては［米盛 2007］を参照のこと。
(4) ［平松 1998:119］。安倍北夫教授らのグループの「災害時の避難行動を決定する人間的要因の分析」という研究の調査です（朝日新聞、1981年8月15日）。
(5) ［平松 1998］。

3　ホンネをつかむ方法

## 【おまけのお話】 曹洞宗宗勢総合調査

　私は個人調査以外に、共同調査にかかわったこともあります。そのなかでも、教団（宗教集団）における大規模調査に携わらせていただいたことは貴重な経験です。

　曹洞宗という仏教の一宗派の研究のみならず、宗教全般や宗教文化を論ずるときも広く参照されているのが、この曹洞宗宗勢総合調査です。宗教界のなかでも、丁寧に継続されてきた貴重な実態調査として注目されています。調査項目は細部にわたり、葬儀・年回法要の布施額や複数寺院を兼務する住職の実態なども調べています。

　宗派内全寺院を対象に、1965年に実施されて以来、10年に一度、繰り返し実施されています。直近は2005年に行われ『曹洞宗宗勢総合調査』が2008年に刊行されています（曹洞宗全寺院に対する回収率は96％なので、まさに、全数調査としての考察が可能でしょう）。その後、2012年に檀信徒を対象にした調査も行われ、次回2015年にも、宗勢総合調査は実施される予定です。私は2005年の調査のときに、調査実務委員を担当させていただき、それこそ、調査票（質問文・選択肢）の作成から報告書作成までかかわらせていただきました。

　継続調査ということもあり、従来から続く同じ質問によって変化を見ることができます（例えば、年中行事の実施や座禅会などの開催状況）。また、前回から10年経っているので、その間の変化に即応した新しいことを含めることもありました（たとえばパソコンの利用状況）。委員会で大いに議論し、質問文を検討してきました。

　社会調査のなかには、一度だけ調査する場合と、ある程度の期間を経て何度か継続して調査する場合（対象者の異同で細分されます）があります。後者は、調査設計・調査主体が整っていることと、対象者が受諾してくれることなどの条件がありますが、貴重なデータを提供してくれるもので、とても有益なものであることが多いと言えましょう。

## CHAPTER 8 内閣支持率はなぜ違うのか
――同じことを聞いているつもりでも

**key words** 内閣支持率、属性・行動・意識、自由回答法、選択回答法、単一選択、複数選択、尺度、ワーディング、ダブルバーレル、キャリーオーバー

2010年8月の日本の総理大臣は誰だったか覚えていますか？ 菅直人氏でした。当時の菅内閣の支持率は、読売新聞44％、朝日新聞37％、NHK41％でした。その1年後も菅内閣だったのですが、支持率は各社それぞれ18％、14％、18％でした。3社の数値はこのように一部異なっています。同じ「内閣支持率」なのに、各社で異なっていていいのでしょうか。これは、本章後半に考えます。

……お待たせしました。いよいよ質問文・選択肢を作りましょう。まさに、調査票調査の中心部分です。本書で一番ページを割いている章です。質問文・選択肢はよく練られたものでないといけないということは、私の受講生には口を酸っぱくするほど説明しています。本章の冒頭でもそれを述べておきます。適切な質問文は簡単には作れません。ゆっくり着実に力をつけていきましょう。

## 1 調査票の作成

### ①調査票で得られる情報

前章、前々章で繰り返したので大丈夫だと思いますが、皆さんは、調査をすれば、何でもわかると思っていませんよね！？

……「はい」って声が聞こえてきたような……。ほっ、よかった((^_^) v)。

さて、調査票で聞けるのは、大きく分けると「属性」「行動」「意識」という3点と言えるでしょう。「あなたが現在住んでいるのは次のどこですか」は、回答者の居住地という「属性」を聞いています。「あなたはこの夏休み、アルバイトをしていましたか」は「行動」を聞いています。「あなたは落語についてどう思いますか」は「意識」を聞いています。

　もちろん、様々なタイプの質問は可能でしょうが、これを整理すると、結局はこの3種類に集約できるのです。すごいでしょう！　3種類を自分の調査したいことに適切に組み込んだ質問を挿入していく必要があります。

　本章を通じて、調査票調査の内容をマスターしていきましょう。

　まず、調査票の質問文作成のポイントを見ておきましょう。

### ②答え方の種類

#### （A）自由回答法（open question, free answer）

　「いまの生活のなかで、もっとも問題だと思うことは何ですか。自由にお書きください」とたずね、調査者が考えつかなかった回答が得られる場合、意味があります。ただし、後述しますが、この設問であれば、ある程度の回答を予想して、単一選択にすることは可能でしょう。

　また、「あなたの年収はいくらですか？」という質問に「550万4019円」などと直接、数字などを記入してもらう質問も自由回答です（数値記入法と分けて説明することもあります）。全体の平均値を出す場合は、自由回答の方が正確な値を算出できるでしょうが、大ざっぱな所得の分布を見たいならば、単一選択が便利です。この例のようにズバリ聞かれて細かく正確に答えるのは簡単ではありません。もし私がそのような質問をされても、だいたい何百万円くらいとは言えても、円単位までは難しいでしょう。

　そもそも自由回答は多用しない方がいいのです。なぜなら、質問文を作るときには、手軽に「あなたは◎◎をどう思いますか？」などの質問は簡単に作れますが、これを多く使ってしまうと、その後の分析に苦しむことになるからです。「▲▲だと思う」などの回答がうまくまとめられない状態になったら、その

質問の整理をどうしますか？

そこで、自由回答は、調査者側が回答を選択肢などにまとめきれない場合や具体的な数値・内容を知りたい場合だけに使うようにしてください。

もちろん、テキストマイニング（text mining 自由回答などの文章を、単語ごとに切って処理し、形態素解析などを分析する方法）の手法も一般化しつつありますから、かつてのように困らないかもしれません（でもその分析の意味を理解しないといけません）。

また、アフターコーディング（回収後に回答を調査者側がまとめ直す方法）の研究も進んでいます。ですが、社会調査初心者の方々にとって、この自由回答は分析するのは、たいへん難しいでしょう。一般的には手作業で分析・考察していきますから、自由回答の整理ができないとせっかく記入してもらっても意味が無くなります。あまり多くしない方が無難でしょう。

### (B) 選択回答法（closed question）

選択肢のなかで、1つだけ選ぶ場合（あ：単一選択）、複数選ぶ可能性がある場合（い：複数選択）に分けられます。

#### あ：単一選択（single answer、SA）

選択肢のなかで1つだけを選ぶ方法ですが、いわゆる二者択一で「はい・いいえ」や「賛成・反対」のどちらかを選ぶ場合と、3つ以上の選択肢のなかで1つを選ぶ場合があります。

また、選択肢が重なりを持たない場合、第一位の選択肢を知りたい場合に用います。選択肢数は多くても10前後で、通常は4～5くらいです。

「先週一週間の睡眠時間」を知りたいと思ったとき、どう質問すればいいでしょうか。直接「××分」「××時間」と書いてもらうのも1つの方法です（自由回答）。しかし、あいまいですよね（ええ、私は正確な時間は覚えていません！）そこで、次のような質問文が考えられます。

例：「あなたの先週1週間（日～土）の平均睡眠時間は次のどれにいちばん近

いですか?」
　（あ）3時間未満　　（い）3〜5時間未満　　（う）5〜7時間未満
　（え）7〜9時間未満　（お）9時間以上　　（か）わからない

　なお、意識をたずねるときに、「どちらともいえない」という文言を入れるかどうかは検討すべきでしょう。
　また、入れた場合に、「賛成・反対・どちらともいえない」と「賛成・どちらともいえない・反対」は回答の表記の順番が違うだけですが、後者の方が、より多くの人が「どちらともいえない」にしてしまう可能性が高まります。

　私の受講生たちが大好きなのが「よく」「かなり」「だいたい」などの副詞です。でも、自分が回答する立場になったら、これらの表現はきわめてあいまいだと思うでしょう。これらの副詞を使いたいときには、少し我慢して考え直し、「週5回以上」「毎日」などの明確な頻度などを記しましょう。
　受講生にいつも言っているのは、質問文や選択肢を作成するときは、自分が答えるときに答えやすいかどうか考えて作るように、です。皆さんも、これから常にその視点を持ってください。

　　い：複数選択（multiple answers, MA）
　質問内容によっては、回答を1つに決めるのが困難な場合もあります。その場合は、複数選択にします。
　日本のプロ野球を例に考えましょう。全部で12球団のなかから好きな球団を1つだけ選ぶのと、3つ選ぶのとでは、回答は大きく異なりますよね。
　複数選択にした方がいいのは、回答数が制限できないような場合です。同居家族を問う場合、回答者によって様々な答えが予想されます。父・母・夫（妻）……などの組み合わせは、数多くありますよね。そこで、複数を選ぶ形にした方がいいのです。

単一選択ならば、単純集計をすると合計で100%になります。しかし、複数選択の場合は、回答数が回答者数より多くなるでしょうから、それぞれ合計数が異なります（その合計数を100%にしてしまうと、%の意味合いが変わってきますので注意が必要です）。

　また、分析するとき、そのまま独立変数（7章で学びましたが覚えていますか？）として使うことはできません（分析方法は11章と12章で学びます）。例えば、「3つまで」の場合、回答者によって、その回答は1つ、2つ、3つ、どれもつけないという4パターンになります。

　このように分析のことを考えると、複数回答はあまり多くない方がいいということがわかるでしょう。調査票調査の初心者の方の陥りやすいミスが、「複数選択」「自由回答」の多用・乱発です。

　こういう人々は、調査票を回収し、その集計をし出したときに、「さて、どうやって分析したらいいのだろう！」と悩んでしまうのです。でもその段階ではどうしようもありません。

　ですから、ぜひ、質問項目作成のときから気をつけておくべきですね。

### ③尺度（scale）

　選択回答法の選択肢を作成する際、調査者は何らかの尺度を作ります[1]。尺度と言うと難しく聞こえるかもしれませんが、たとえば、他人を見て、スポーツの得意な人・苦手な人、面白い話をする人・しない人、背の高い人・低い人などと、いろいろな点で判断していますよね。それはすでに尺度なのです。スポーツが得意な人で面白い話をして、背の高い人が好き（タイプ）というのも、自分の尺度で他人を判断して当てはめて好きという結論になったということなのです。

　回答者に評価や好き嫌いなどの程度をたずねるならば、例えば、「あなたは今通っている学校での生活に満足していますか？」とたずねて、「満足・やや満足・どちらともいえない・やや不満・不満」を選んでもらう場合がこの方法です。これらの5つのどれかを選ぶときに、例えば1～5の数字に置き換えて分

1　調査票の作成　　103

析することになります。そのとき、この1〜5は足したり、引いたりしても意味はありません。この場合、後述の間隔尺度に該当します。なお、選択肢を5つ設定する場合「5件法」と呼びます。

この尺度は次の4つに分けた説明がわかりやすいでしょう。
（A）名義尺度（nominal scale）
単に区別するためのもの。性別、出身地、郵便番号など。例えば、女性を1、男性を2とした場合、その選択肢の数値自体に意味はなく、単なる記号です。女性が1で男性が2でも男性が女性の2倍ということではありません。

（B）順序尺度（ordinal scale）
学歴、順位、年代など。選択肢の数値には順序・大小の意味があります。例えば、最終学歴が中学1、高校2、短大3、大学4、大学院5とした場合、それは順番に学校に通った期間が長いことを意味します。ただしその1や2自体に量的な意味はありません。大学4は高校2の2倍ではありません。

（C）間隔尺度（interval scale、距離尺度）
間隔が等しく並んでいる気温、行動や意識の質問項目の得点など。平均気温など足し算、引き算することもあります。
これらの尺度は、四分尺度か五分尺度（中央に「どちらでもない」が入る場合です。中間を少なくしたいと判断したときは四分尺度にした方がよいでしょう）を用います。
わかりにくいかもしれないので、例を挙げておきましょう。
（例）次の意見をどう思いますか。それぞれの項目について、もっとも近い意見の番号（1.まったくそう思わない　2.そう思わない　3.そう思う　4.非常にそう思う）を、それぞれ1つずつ選んでください。
　　（A）海女のことを外部の人々にもっと知らせたい
　　（B）海女文化は世界無形文化遺産になってほしい
　　（C）海女の技術を誰かに伝えて残したい

(D) 所属する漁協の地域で、海女漁は不可欠な漁業だ

(D) 比尺度（ratio scale、比率尺度）
　年齢、世帯年収額、従業員数、得票数など、四則演算（加減乗除、＋－×÷）ができるような数値。

　このうち、名義尺度と順序尺度は、番号に数字的意味を持たないので離散変数、間隔尺度と比尺度は数量そのものを示しているので連続変数と大きく2つに分けられます（11章の分析で再度説明します）。この4つの尺度の使い方は本章で後述します。

　尺度の理解度を確認します。以下のお題にチャレンジしましょう。

【お題22】次の①～⑥の質問では、(A) 名義尺度、(B) 順序尺度、(C) 間隔尺度、(D) 比尺度のどれを用いればいいでしょうか？
　①一日の家庭学習時間　　②アルバイト職種　　③今朝食べた食事
　④クラスの成績順　　⑤授業の満足度　　⑥一ヵ月のケータイ代金

　考えている間に、関連のありそうな説明をしておきます。

### ④サブ・クエスチョン（sub-question、SQ）

　枝分かれ質問、付問などとも呼ばれます。ある質問に特定の回答をした回答者だけに追加質問をすることがあります。例えば、子どもが「いる」か「いない」かをたずね、「いる」場合「同居」か「別居」かをたずねるなどです。「いない」場合に同居・別居をたずねるのは無意味です。そこで、全員ではなく、ある特定の回答者にのみ質問を追加する場合にこれを用います。
　調査票の構造を、より系統的だった体系的なものにすることができますから、分析をするときに便利です。ですが、これも多用しすぎると回答者を混乱させ

1　調査票の作成

ることになるので気をつけたいものです。

【解答 22】
① (D) 比尺度　② (A) 名義尺度　③ (A) 名義尺度
④ (B) 順序尺度　⑤ (C) 間隔尺度　⑥ (D) 比尺度

いかがでした。初めてですから間違っても気にせず、次に進みましょう。

## 2　質問文の注意点

### ①基本的な注意点

質問文（wording）を作成する基本的な注意として、「短くて簡潔に」は言うまでもありません（作文等でも基本ですよね）。社会調査で解明したい問題に関連した質問、自ら立てた仮説に基づいた質問は基本中の基本です。以下、具体的に考えていきましょう。

### ②用語（ワーディング：wording）

ワーディングとは、調査項目のそれぞれを文章化し、質問文と回答文（選択肢）の形にすることです。その際、表現方法でいくつもの注意点があります。

本章では、「内閣支持率」の質問文と選択肢を確認してみましょう（いずれも2012年6月）[2]。その結果は、次の通りです。

朝日新聞：野田内閣を支持しますか。支持しませんか。（支持する27%、支持しない56%、6月28日）

共同通信社：あなたは野田内閣を支持しますか、しませんか（支持する29.9%、支持しない54.3%、わからない・無回答18.0%、6月28日、伊勢新聞）でした。

毎日新聞：野田内閣を支持するか。（支持する28%、支持しない53%、関心がない18%、6月29日）

読売新聞：あなたは野田内閣を支持しますか、支持しませんか。（支持する31％、支持しない59％、その他4％、答えない6％、6月29日）

産経新聞：野田内閣を支持するか。（支持する28.5％、支持しない61.9％、他9.6％、7月3日、FNNとの合同調査）

このように、新聞紙上で見る限りにおいて、質問文や選択肢（あるいはそのまとめ方）は、各社異なっていることは明確です。数値も数％ではありますが違っていました。支持・不支持の差は大きかったので各社でその差はありませんでしたが、拮抗していた場合、ある社は支持が多く、ある社は不支持が多いということも、過去何度も見られました。これらは、一紙だけを見ていては気づかないことです[3]。ただし、調査日や回答者数（概ね2000人前後、調査方法（RDD）等は似ています。

### （A）あいまいな言葉を用いない

質問文で使われる用語が、対象者がそれぞれ異なってとらえてしまうようではいけません。言い換えれば、包括的・複合的ではダメとなります。

例えば「あなたの住んでいる地域には愛着を持っていますか」という質問を考えたとして、その「地域」が何を指すか、自分のなかで明確だったとしても、答える人は混乱します。その「地域」とは、県や市区でしょうか、それとも町内でしょうか。愛着度はそれぞれ違うのではないでしょうか。

年齢を聞くときも、「満年齢」「数え年」「何月何日現在」などが明確でないと、真剣に回答しようとする人は困るのです。

収入額を聞く場合、「税込み年収」（たとえば360万円）か「月収」（例えば40万円）かなど、さらに「手取り月収」（例えば25万円）を聞いているのかを明確にしておく必要があります。

（B）抽象的な語・専門用語などは避け、平易な用語にする

「良い・悪い」「一流・二流」「理想的」などを用いる場合は、その具体的基準を明らかにしていかねばなりません。回答者が理解できない場合、その質問については、「わからない」「無回答」が多くなってしまうでしょう。

「認定こども園」「ワーク・シェアリング」などの意味を、説明できますか？

一般に使われているように思える用語であっても、説明が必要なものは可能ならば控える方が望ましいでしょう。もちろんどうしても必要な場合は、その調査票調査での意味をかっこ書きで追加して、誰でもわかる形にしておくようにすればいいでしょう。


（C）評価基準をともなう質問を避ける

「美しい」と「醜い」、「優しい」と「厳しい」などの反意語は、回答者によっては、そのまま評価としてとらえる可能性もあります。また、「狂信的な」とか「過激な」などはすでに悪いイメージがつきまとっています。

ハロー効果（威光効果）も避けるべきです。「××研究所ではこのような結果が出ましたが、この結果について賛成ですか？　反対ですか？」などと、××研究所や個人名、肩書きなどを入れることにより、ある一定の回答へ誘導している可能性があります。それらを避けるように、中立的表現を用いましょう。


（D）「わからない」と「その他」

「あなたは……についてどう思いますか」と質問したときに、「わからない」という項目を設定しておかないと、知っていることが大前提になり、知らなかった人が多かった場合は、それ以降の質問はいい加減になってしまいます。

例えば、「あなたはピンクカラー・ジョブ（伝統的に女性が従事することが多いとされている職種・仕事）という用語を知っていますか→よく知っている、だいたい知っている、あまりよく知らない、全く知らない→前二者はサブ・クエスチョンへ」などの展開があります。選択肢の説明でも述べますが、「その他」という項目も常に考えておきたいものです。回答結果に深さを与えるために、また以

後の調査票改善のためにも必要な部分です。

### ③ダブルバーレル質問をしない

「あなたはこのレストランで、料理と雰囲気と値段に満足しましたか？ 1.満足　2.不満」この質問文は適切だと思いますか。もちろんダメですよね。1つの質問で複数（これは何と3つ！）の内容をたずねています。これをダブルバーレル質問（doble-barreled question）と呼び、質問文を作るときに気をつける基本中の基本です。

あまり考えずに作成してよく失敗してしまう学生さんがいます。実際のメディアの調査などでは、どうも、これに近いようなものもあると何人もの論者から指摘されています[4]。これは、結局文章を長くしてしまってわかりにくくなってしまっているのです。

とくに、賛成と反対のいずれかをたずねるときなどに、うっかりミスをしてしまいがちです。このダブルバーレルには、並列と複合という2種類があります。先のレストランの例は並列でした。

「東海三県（愛知、岐阜、三重）の経済は、地域住民が勤勉なので、近年発展していると思うか、そう思わないか」というのは複合のダブルバーレルです。「勤勉」と「発展」を結びつけた問いですが、「勤勉」ではないと思っていても、「発展」だけで「そう思う」と答える人、「勤勉」ではないと思っているから、「発展」していると思っていても「そう思わない」と答える人、両方いそうです。

### ④キャリーオーバー効果を避ける

誘導尋問やキャリーオーバー効果（carry over effect）も避けるべきことがらです。回答者は、質問を同一の順序で回答しますから、その順序によって一定の方向に誘導しないように気をつけなければならないのは言うまでもありません。例えば、「『ゆとり教育』が子どもの学力を低下させたという意見がありますが、基礎学力向上のために小中学校の授業時間数を増やそうという考えについてどう思いますか」と聞かれたら、多くの人は肯定的なニュアンスの回答を

書くのではないでしょうか。これが誘導尋問です。

　また、それぞれの質問には問題がなくても、Aを質問し、次にBを質問したとき、Aを回答したことで心理的影響を受け、B（やそれ以降）の回答をするときに、バイアス（偏見）がかかることをキャリーオーバー効果と言って、質問文作成の際に気をつけるべきこととされています[5]。例えば、消費税率引き上げの賛否をたずねるとき、その前に、国会議員定数削減の問題や行財政改革が進んでいるかどうかなどをたずねてからだと、否定的な回答が増加すると予想されるでしょう。

　さらに、意見や態度に関する質問では、質問の仕方（質問文や調査員の言い方自体）で回答が微妙に影響されてしまいます。質問文一つひとつを確認すると同時に、全体も見直すことが重要です。

### ⑤回答を予測する

　質問文作成の最後に話しておきたいのは、可能ならば1つの回答に集中しないように考えてくださいということです。

　例えば、「いい人になりたいですが、なりたくないですか」などという質問は作らないでしょう？　たとえ作っても、回答は、明らかに前者が圧倒的に多くなることが予想されます。仮に、前者が95％だったら、5％以下の後者を選択した人について詳しい分析ができなくなります。もし、2つの回答が50％ずつに近ければ、その内訳を詳しく見ることに意味が出てきます。男女別や年齢別、学歴別で違いがないかなどを見ることで特徴がつかめるかもしれません。圧倒的な回答があるとそれだけで区別がつけられなくなります。

　そこで私たちは、つねに回答結果を予測して（現実にはなかなか当たりませんが）、質問文を考えていくのです。


　さあ、お題を通じて今までのまとめをしておきましょう。

【お題23】次の質問文のまずい点を指摘しましょう。
　(1)「あなたはエコに関心がありますか、ありませんか」

(2)「あなたは公共事業のばらまき政策について**賛成ですか、反対ですか**」
(3)「三重県人は情にもろいので、他県人と比べて人物評価が苦手だという意見がありますが、あなたはこれに**賛成ですか。反対ですか**」

どうですか？　意外と簡単にできたという人もいるかもしれません。

【解答23】
(1) ①「関心」があいまい。少しでも知っていれば「ある」ことになるのでしょうか。
　②「エコ」とは何のことかよくわからない。そもそもエコロジー＝環境でしょうが、「エコ」では伝わりにくいでしょう。地球温暖化、節電、エコバッグ、ごみ処理など幅広く指していますが、その全部のことを聞いているのでしょうか。
(2)「ばらまき」はマイナスイメージを持ちますよね。この言葉を使わずに質問文は作れるはずです。
(3)「情にもろい」と「人物評価が苦手」のどちらに賛成・反対をたずねているか不明（三重県人がこう言われているかどうかも不明）。

## 3　選択肢の作成

選択肢（alternatives）については「相互排他的で網羅的」に作成することが大きなポイントです。

仮に学生さんが、政党支持率調査をしようとして「あなたは次の政党のうちどれを支持しますか。1．自由民主党　2．民主党　3．日本維新の会　4．公明党」という質問文・回答項目を作成したとしたら、どうダメ出しますか。

2012年の衆議院選挙では、実に12の政党が立候補者を出しました。当然①日本共産党、社会民主党、みんなの党、生活の党などの他の政党を回答する項目を作ること、②支持政党なしという項目を入れることなどを指摘しなければいけませんよね。

選択肢は、調査者側が熟慮してできる限り広範囲な内容を含めるように設定

すべきでしょう。しかし、必ずしも考えつかないようなことを回答者が考えることもあります。だからこそ「その他」の項目を選択肢のなかに設定しておく必要が出ます。また、その回答にはうまく答えられない場合もあるかもしれません。そのために「わからない」などの回答も必要だと思う場面では設定しておく必要もあります。

選択肢の設定をいい加減にすると、分析のときに困ることになります。いい加減に見える調査も、現実には散見しますが、皆さんがその真似をする必要は全くありません。

もう一度言いましょう。基本は、「相互に排他的で、全体を網羅する」ということです。それを押さえておけばまずは大丈夫です。

【お題24】単一選択の選択肢としてまずい点を指摘しましょう。
(1) あなたは海女として「一人前」になった実感をいつ頃持ちましたか？
　①なってすぐ　②5年未満　③10年未満
　④20年未満　⑤30年未満　⑥30年以上
(2) あなたの好きな「なでしこリーグ」のチームは次のどれですか？
　①浦和レッドダイヤモンズレディース　②ASエルフェン狭山FC
　③伊賀フットボールクラブくノ一　④日テレ・ベレーザ
　⑤INAC神戸レオネッサ　⑥福岡J・アンクラス

【解答24】
(1) (A) 一人前だと思っていない人、(B) 実感を持った時期を覚えていない人の選択肢がありません。(C) この書き方だと、⑤は①から④まですべてを含んでいます。③5年以上10年未満、などとした方がよいでしょう。
(2) 他のチームや好きなチームがない場合の選択肢がないので選べない人も出る可能性があります。

もう一度繰り返します。そもそも調査項目を作成するには、社会調査の自ら

のテーマ（問題意識）に沿って、仮説に基づいたものであるという基本を最後まで貫いてください。色々な質問タイプを学んだからといって、無理にすべてを入れ込んだ質問項目にする必要はありません。また、最終的に完成するまでに、何度も何度も質問項目を作成しては削り、作成してはとりやめるなどの作業が続くことも、私の経験からも申し上げておきます。すぐに「パッ」とできるものではないことを肝に銘じておいてください。

【本章のポイント】
(1) 質問のタイプは次のように区分されます。
　(A) 自由回答法：回答を自由に記述する方法。選択肢の設定が困難な項目、具体的数値を記入してもらうとき。
　(B) 選択回答法：回答を選択肢から選ぶ方法。
　　①単一選択：「はい・いいえ」などの二者択一か、選択肢のなかから重ならない1つだけを選ぶ、第一位の選択肢を選ぶとき
　　②複数選択：重なりを持つ、回答を1つに決めるのが困難なとき
(2) 選択回答においては、良く考えた尺度を選択肢に用いるとよいでしょう。賛意・好み・評価などの程度を知るときに有用です。
(3) 文の中身を吟味しましょう。
　　① 「あいまい」「抽象的な」語句を使用しない
　　② 専門用語・特殊用語を使用しない
　　③ 評価基準をともなう語句も使用しない
　　④ ダブルバーレル質問をしない
　　⑤ 誘導尋問をしない
　　⑥ 質問順による影響（キャリーオーバー効果など）に配慮する
(4) 選択肢は、相互排他的（重ならない）で網羅的に作りましょう。

【注】
(1) 尺度は、測定方法の問題で様々なものが利用されています。例えば、リッカート尺度は、質問項目の各回答にウェイトをつけた得点をつけ（賛成4点・やや賛成3点・やや反対2点・反対1点など）、その総和を個人の尺度値としています。その他、SD尺度、ガットマン尺度、サーストン尺度、因子尺度などありますが、本書ではその指摘にとどめます。
(2) 新聞各紙の「政党支持率調査」は、質問文が同じでないのです［平松1998］。最近（2012年）の新聞社と共同通信社が実施した世論調査の「政党支持」をたずねる質問文を確認してみました。すると、朝日新聞「いまどの政党を支持していますか（6月28日）」、毎日新聞「どの政党を支持しますか（6月29日）」、読売新聞「今、どの政党を支持していますか。1つだけ選んでください6月29日）」、日本経済新聞「支持している、または好意を持っている政党は」（6月30日）、共同通信社「あなたは、どの政党を支持しますか」（6月28日、伊勢新聞掲載）。たしかに、まったく同じではありませんでした。
(3) ［田村2006］や［谷岡2007］は「やむを得ない」という選択肢を用いている新聞の調査があいまいだと批判しています。本書で取り上げているいくつものポイントにも言及されている良書です。
(4) 質問方法の注意点、正規分布や相関図など本書に関連する読み物として［芳沢2005］［芦沢2006］も参照してください。
(5) キャリーオーバー効果の有名な事例に、［谷岡2000］で紹介された新聞の例があります。他国の掃海艇を派遣したことを示し、日本の人的貢献しないことへの批判を示しつつ、掃海艇派遣をどう思うかとたずねたものです。賛成26％、やむを得ない37％、反対29％、分からない8％という結果でした。

## 【おまけのお噺】　加賀の千代

　何度か数千円の借金をしたことのある知人に、今回、急な物入りで2万円を借りないといけません。どのように言いますか？
　（A）4万円貸してと言って、渋られたら、じゃあ半分でいいと言う
　（B）指を2本出して、大枚2枚貸してと言う
　（C）いつもごめん、2万円貸してくれないとたいへんなんだと言う

　これももとの噺から持ってきたお題です。「加賀の千代」。できた妻とできない夫、この組み合わせは落語の定番です。
　いつも借金している長屋のご隠居に、年末の掛取り（後払いで物を買ったものの支払い）の時期になったため、少々多く借りないと間に合わないとおかみさん。甚兵衛さんに、そんなに多く借りられないよと言われ、秘策を授けます。その秘策とは最初に多めに言っておいて、その後、半分くらいの額にするというもの。上記のまさにAなのです。加賀の国にいた千代という稀代の知恵者の作で「朝顔に釣瓶とられてもらい水」の句を教えてもらいますが、意味はわかっていません。
　正直者の甚兵衛さんは、ご隠居のお気に入り。下手するとご隠居の悪口となりかねないきわどいセリフも、ご隠居にすればかわいいようです。甚兵衛さんは、高額な借金だと言いますが、ご隠居からは、「それでは100円か」と2桁も多くを店から持ってこさせると言われて大慌て。8円だと言うと即決。妻の言われた通りではないので納得せず、一度断るようにご隠居に指導して、やり直し。
　ようやく8円を借りられて、めでたしめでたしですが、そこで、「朝顔に釣瓶とられてもらい水」とうろ覚えの句を披露。甚兵衛さんが、そんな難しいことを知っているとは素晴らしいと喜んだご隠居。それは「加賀の千代（の作）」だねと言いますが、甚兵衛さんは、ご隠居の言い間違いと思い、「カカ（カカア＝妻）の知恵」と応じてサゲ。

# CHAPTER 9 調査の流れ
## ──ある調査例から

**key words** 予備調査（プリテスト）、フェース・シート、レイアウト

いきなり復習で恐縮ですが、次のお題を解いていてください。

【お題25】次の質問文のまずい点をいくつでも指摘しましょう。
(1)「あなたは、この頃、よく本を読みますか」
(2)「就活で『お祈りメール』をもらったとき、誰に報告しましたか」
(3)「あなたはご自分のパソコンの機能性とデザインを気に入っていますか？」

【解答25】
(1)「この頃」の範囲があいまい。「本」を定義しないと雑誌・漫画などを含むのかわかりません。「よく読む」は人によって異なります。本好きならば、月に3冊程度でも「あまり見ていない」となるかもしれません。
(2)「就活」は就職活動ですが、あまり略した単語を用いるのはお薦めできません。「お祈りメール」は不採用時の定型的文章で「……貴殿のご活躍をお祈りいたしております」というものを指しますが、この質問文を読む人全員が理解できる単語でしょうか。また、採用試験は何度も受けることが多いのですが、どのときをたずねているのかわかりません。一番最近など、時期を特定した方がいいでしょう。
(3) パソコンを持っていない人が回答できません。職場用・自宅用など一人で2台以上持っている場合、どう答えるか不明。1つの質問で2つの別の内容（機能性、デザイン）を合わせてたずねています。よく授業で出す問題は「成人の学生がタバコを吸ったり酒を飲んだりすることに、あなたは賛成ですか、反対ですか」というものです。この解説はいりませんよね（?）。

皆さんは簡単に解けたことでしょう（^_^）。さて、本章では、皆さんが実際に調査をする気分になっていただきながら、まだ説明不足の点を補足してみたいと思います

## 1　予備調査

　全数調査でもそうですが、標本調査をする場合、費用と時間を考慮に入れないわけにはいけません。どのくらい費用がかかるのかによって、サンプル数も変わってくるからです。また調査にかけられる時間によってその調査人員なども決まってきます（個人的な小規模調査の場合は該当しないかもしれませんが）。

　さらに、調査票の回答率を予測してサンプル数を決めます。そして対象者を設定するサンプリング作業等が必要になります。

　3章で視聴率の話のときに関東1500万世帯のうち600世帯を選んで調査している結果だと述べました。実際の社会調査の現場では、全国もしくはある地方の対象者を設定するときに、サンプリング作業を行って決めます。

　全国やある地域でのサンプリング調査をすることは大きな目標としていいのですが、初心者の方々はまず、もっと身近な範囲で調査をすることから始めましょう。そこで、本章では、学内での調査や私の調査の例を紹介します。

　さて、サンプリング作業で対象者を確定する作業と同時に、あるいはその前に、作成した調査票が調査でうまく機能するかどうか（間違った質問文や答えにくい選択肢がないかどうかなど）を調べる必要があります。それが予備調査（プリテスト）です。実際の回答者とは別の方々に回答してもらって、その調査票が制作者である調査者の意図が十分伝わって回答できるかどうかを調べるのです。これをしておかないと、実際に調査して、調査票が戻ってきてみて、おかしな回答が続出してしまったり、思わぬところで問題が発生してしまったりして対応できないなどの事態になることもあります。ですから、できるかぎり予備調査は行うべきです。

なお、分量ですが、一般的に調査票による面接法の場合、質問開始から終了まで15〜30分程度が推奨されています（自らが調査を受ける側となったときを推測すればいいですよね）。その場合、質問項目は20〜30問程度が限度ではないでしょうか。質問項目をたくさん準備しておいても、調査目的と仮説との関連で重要なものを残しつつ、統合したり削除したりということも考えなければなりません。予備調査後の修正はそのようなことも考えながら行わねばなりません。

## 2　郵送法の事例

調査票調査ではサンプリングを行って行う場合の他に、すべての対象に行う場合もあります。ここではちょうど私が行った郵送法による全数調査を事例に、郵送法の場合のいくつかのポイントを示したいと思います。

図9-1は「鈴鹿短期大学卒業生調査」の依頼状です（本書向けに、一部改編、××は個人名やメールアドレス、電話番号等を記載）。

創立42周年を迎えた時点で、鈴鹿短期大学で卒業生追跡調査を行いました（1章の図ですでに一部をご紹介済ですね）。同窓会理事の方々にこの調査について検討していただいて、その結果、承認をいただき、「調査票作成」「返信用封筒等の印刷」「分析」は私、「タックシール（宛名）」「封入作業」「郵送回収」は同窓会側（理事の方々や短大事務局、現役短大

**鈴鹿短期大学卒業生調査**　　（平成20年6月実施）

鈴鹿短期大学学長　××××
鈴友会（＝鈴鹿短大の同窓会）会長　××××

鈴鹿短期大学は本年で創立42周年を迎えます。その間、7079名もの同窓生（鈴友会会員）を社会に送り出してきました・・（中略）・・・同窓生の皆さんが卒業後どのように生活され、どのような意識をお持ちでいらっしゃるのかを調査研究したいと思います。別紙の調査票をご覧いただけばお分かりになると思いますが、この調査データはすべて統計的に処理され、数値により分析されます。けっして個人が特定されるようなことはございません。調査結果は、『鈴鹿短期大学紀要』29巻（2009年2月刊行予定）その他で公表される予定です。回答は同封の返信用封筒に入れ、6月30日までにご投函ください。・・・（後略）・・・

**【記入上の注意】**

1. とくに指示がないかぎり、該当する番号に一つだけ○をつけてください。
2. 「いくつでも○を」「すべてに○を」などの指示がある場合はそれに従ってください。
3. 西暦の年や月など数字を書き込む場合もありますが、ご記入ください。
4. 「その他」に○をつけた場合は、具体的な内容もご記入ください。
5. 記入もれのないようご注意ください。
6. 2008（平成20）年6月15日時点での状況についてお答えください。

この調査について何かご不明の点がございましたら、生活学専攻（××××）、食物栄養専攻（××××）、こども学専攻（××××）まで、お電話（短大代表××××）もしくはメール（××××）にてお問い合わせください。

図9-1　卒業生調査・調査依頼状

生有志）という仕事分担が決まりました。

　そして、同窓会名簿記載のすべての卒業生に送られる同窓会報と同封する形で実施されました。最終的に638名が有効回答票を返送してくださって、12％の回収率でした。卒業後の移動が多い短大卒業生という事情もありますが、回収率は厳しい結果でした［川又 2009］。

　図9-1の調査依頼状（A4サイズ）、両面 A4 で4ページ分の調査票、図9-2の返信用封筒を作成しました。

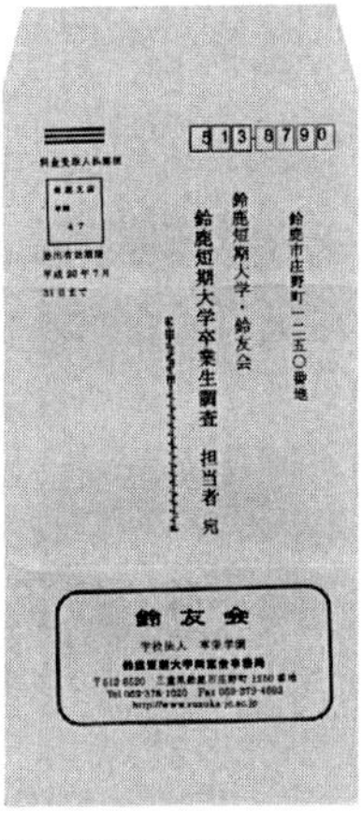

　今回の郵送法では、「料金受取人払」という方法にしましたので、返送宛先（である短大の）管轄郵便局へ承認申込書を提出し（差出有効期間は1ヵ月としました）、許可され「承認番号」をいただいて（郵便番号も特別なものになり、通常の短大の番号ではありません）、それを明記した返信用封筒を（バーコードもつけます）見本も郵便局に提出しました。

図9-2　料金受取人払郵便の例

　郵送法の場合、謝礼（図書券など）を入れたり返信用封筒に切手を貼ったりすると回収率が高くなると言われていますが、今回は「同窓生」というところに甘えて、それらの経費をかけませんでした。

　なお、今回の調査では、調査票・調査依頼状・返信用封筒などの印刷は外注せず、経費節減ということもあって印刷作業は私一人で行いました（繰り返しますが、調査票の発送は、同窓会の会報発送に合わせ、その会報に同封しました）。

## 3　調査票調査の実際

### ①調査の流れと質問文

　もう一度、調査の流れについて、図9-3を見て、確認しておきましょう。そ

問題意識を持つ
　　↓
調査テーマを決める
　　↓
調査方法を考える
　　↓
調査票調査に決定（→他の方法を選択することもある）
　　↓
日程、予算、対象・範囲・標本数などを決める
　　↓
調査票作成（質問項目・選択肢等）
　　↓
プリテスト（質問項目の確認）→修正
　　↓
本調査実施（＝実査）
　　↓
回収・点検・入力
　　↓
補充調査（必要あれば実施）
　　↓
分析（統計ソフト等の利用他）
　　↓
報告書作成、発表
　　↓
次の調査へ

図9-3　調査の流れ

して、調査しているときは常にどの位置にいるのかを確認しておきましょう。

　さて、前章の繰り返しになりますが、回答者個人に関して調査票調査でたずねることができるのは、「属性（あなたは何専攻所属ですか、など）」・「行動（あなたは昨年、海外旅行をしましたか、など）」・「意識（あなたは日米関係が友好的だと思いますか、など）」の3タイプの事柄です。自分の調査したいことをその3つにうまく組み込んで調べる必要があります。

　それでは今一度、質問文を考えてみましょう。

【お題26】「社会人の読書傾向とその背景」というテーマで調査を行い、「幼い頃から読書経験が豊富な人は、社会人になっても読書をする機会が多い」という仮説を立証したいと思っています。直接・間接にかかわる設問を、選択回答法の①単一選択、②複数選択で1つずつ試作してください。

【解答（例）26】

①単 一 選 択

　問　あなたは電子書籍を利用していますか
　（a）利用している　　（b）あまり利用していない
　（c）持っていない　　（d）電子書籍が何かわからない

※紙の本以外の電子書籍なども積極的に利用しているのではないか。
②複数選択
問　大学生時代にレポートなどで調べものをするときに利用したことがある所をいくつでも選び○をつけてください。
(a) 在学していた大学図書館　　(b) 他大学の図書館　　(c) 国立国会図書館
(d) 地域の公立図書館　　(e) 大宅壮一文庫（雑誌図書館）　　(f) その他の図書館　(g) どれも利用したことがない
※図書館に慣れているので、多様な図書館を利用していたのではないか。
もちろん、これらの想定がその通りかどうかは、試作時点ではわかりません。

### ②調査票の構成

本章ではここまで、質問文や選択肢について学んできましたが、調査票とは、質問文や選択肢だけで作られているわけではありません。「表紙と前文」「本体」「フェース・シート」の3つで構成されています。それぞれを少し説明しておきましょう。

#### （A）表紙と前文

ここには、調査の挨拶や調査の意義目的が記されています（先の卒業生調査の前文を参照してください）。また、対象選択の理由、調査結果の扱い、それに当然調査協力のお願いとお礼が述べられるべきでしょう。また、ここに「記入上の注意」などの注意事項を記す場合もあります。前文を読むこと自体が、回答者にとって負担になっては意味がないので、せいぜい原稿用紙2枚程度の分量に収まるようにします。

#### （B）本　　体

質問文・選択肢などをこの本体部分に書きます。回答者の負担を考えると最大で30分程度で答えられる内容でまとめたいところです。A4サイズで10頁以下くらいでしょうか（今回の卒業生調査は、回答者の負担を考え、A4で4頁と短めに

3　調査票調査の実際

しました。2012年秋実施の「海女後継者調査」は、記入方法の説明を入れて、A4で9頁になりました)。

### (C) フェース・シート

回答者の基本的属性をたずねる項目がここに含まれます。調査票にはどのような被調査者が回答したのかを、性、年齢、学歴、職業、収入、婚姻形態、居住形態などでたずねています。分析のときに回答者区分のもっとも重要な指標となる項目群(独立変数)となります。ただし、調査テーマによっては、それらの一部だけを聞くにとどめた方がよい場合もあります。

かつては表紙に置かれたのでフェース・シート (face sheet) と呼ばれましたが、現在ではむしろ、最後部に置かれることが多いようです。いきなり個人的な質問をされると、心理的に負担が大きくなるからでしょう。

回収した調査票が、調査対象者全体を正確に代表していて偏りがないかどうかの確認にも必要です。フェース・シートに大きな不備がある調査票は、その後の分析のことを考えると、価値が半減してしまうと言っても過言ではありません。

### ③問題意識と仮説

質問文作成の前までにすべきことを確認しましょう (7章の復習)。

まず、「問題意識の確認」です。続いて、「仮説作成(調査の焦点化、方向づけ)」です。そして、「変数の具体化(独立変数・従属変数の設定)」となります。例えば、【お題26】のような仮説を立てるならば、独立変数としては幼いときの読書経験(夏休みに必ず読書感想文を書いていたかどうか)の度合い、従属変数としては現在の読書量(平均的に1ヵ月何冊読むか)などが考えられます。

仮説から調査項目の導き方について、おさらいしましょう。

【お題27】「高学歴の保護者は子どもの教育に関心が高い」という仮説の調査項目として、どのようなものが考えられるでしょうか。

【解答27】
　保護者の属性・・・・年齢、学歴、職業
　学校行事参加・・・授業参観他の行事への参加度
　家族形態・・・・・子どもの数、他の家族
　学校以外の教育・・塾、お稽古ごと他

### ④質問文の構成

　質問項目について、今までと異なる観点で整理すると、次のようにも分けられます。「調査に直接かかわる設問（仮説構成の主要な独立変数・従属変数）」、「間接的にかかわる設問（関連しそうな変数）」、「属性（フェース・シートに含まれる年齢・性別・学歴・職業など）」です。

　調査票の質問項目としては、直接仮説に結びつくものばかりではなく、関連したものを入れ、分析を深めることができることもありえます。質問項目を設定するときには、全体の分量とも相談しながら、直接・間接の質問を検討しておくといいでしょう。

　さてここでは、質問文の構成について述べておきましょう。

(A) レイアウト

　見た目はたいへん重要です。多すぎず、少なすぎずに。実際に自分が調査に答える場合を考えてみましょう。質問数が多いと、回答者は疲れたり飽きたりしますよね。どうしても答えてもらいたい質問は前半に置きましょう。

(B) 質問の並べ方

質問の並べ方には次の3つのタイプがあります。
(あ) 大きな概念から始まり、徐々に個別的状況や行動を聞く。一般的によく見られます。
(い) 調査テーマが抽象的でわかりにくいような場合、具体的な行動や状況からたずね、徐々に総合的・抽象的な内容にすることもあります。

（う）大項目ごとにまとめ、論理的な流れで聞くこともあります。

いずれにせよ、回答者が答えやすいようにすることが大切です。

いきなり核心をつくと答えにくい場合もありますので、皆さんが社会調査をまずやってみる場合、一般的な内容からスタートさせて、徐々に核心へという流れがいいのではないでしょうか。

8章でも学んだ「キャリーオーバー効果」には気をつけましょう。回答者の心理的負担を減らしつつ、質問の流れを作りたいですね。

ただし、「キャリーオーバー」を気にするあまり、まったくバラバラにあれこれいろいろたずねてしまうのも問題です。学校に関する質問の後に、家族についてをたずね、その後また学校に関して聞いたら、くねくね曲がっているようで回答しにくいですね。そうならないような構成にすべきです。

また、単一選択・複数選択など同じ形式の質問は、ランダムに混ぜるよりも、一定程度、並べた方が答えやすいですし、ミスも防げます（単一選択なのに複数選択されてしまったら、その後の処理に困りますよね）。

選択肢の並べ方では、もっとも回答が多くなると予想される選択肢はいちばんはじめに置かない方がよいとも言われています。2番目以降を読まなくなる可能性が高まるからです。すべての選択肢を読んでもらう一つのテクニックです。それ以外にもいろいろありますが、そこまで気にするぐらいになったらもう初心者とは言えないでしょう。巻末の様々な文献でさらに学んでください。

---

【本章のポイント】
(1) 予備調査（プリテスト）は本番に向けてたいへん重要です。
(2) 回答率を上げる方策を立てて分析へ。郵送法による調査もやってみてはいかがでしょうか。
(3) 質問項目を並べるときにも、回答者のことを考えた配慮や、回答のしやすさの工夫などが必要です。

## 【おまけのお話】 調査倫理

　5章では「量的調査と質的調査」を説明しました。質的調査の場合、直接、調査対象者に会って詳細な個人史を聞いたり、現地で地域の人びとと一緒に暮らしながら考えたりというような調査方法をとるため、調査倫理は、調査自体に大きくかかわります。

　一方、調査票を通じて調査対象者と会話をする（知的やりとりをする）量的調査の場合、調査倫理とは無関係かというと、そんなことはまったくありません。調査票に書かれた質問項目は、回答者の属性・行動・意識を問うていますから、回答者の個人情報、プライバシーを扱っているわけです。調査票は無記名表記の場合であろうと、個人情報を扱っていること自体は変わません。そもそも、回答者の貴重な時間を拘束して、厚意で回答していただくことを忘れてはならないでしょう。どんな調査でも回答していただく方々の人権の尊重と感謝の気持ちがなければならないのは当然です。

　調査票調査を行う研究者が会員である日本社会学会、日本心理学会などの関連学会では、すでに倫理綱領や倫理規定を設けています（例えば、日本社会学会の倫理綱領第3条は、「プライバシーの保護と人権の尊重」として「社会調査を実施するにあたって、また社会調査に関する教育を行うにあたって、会員は、調査対象者のプライバシーの保護と人権の尊重に最大限留意しなければならない」と記されています）。

　2005年に施行された個人情報保護法は、個人情報を国民全体が考える契機にもなっています。また、インターネットが津々浦々に普及するなかで、個人情報の取り扱いは、調査以外でもきわめて慎重に扱わなければいけないことは、もはや常識でしょう。

　もちろん、調査をする私たちは、個人情報だけではなく、データに真摯に向き合うことが調査倫理として問われます。予想された結果が出なくともメイキングなどしてはならないのは当たり前ですが、調査のなかでの他の研究引用や、研究報告をするときの場面など、様々な場面での倫理を考えなくてはなりません。

## 第Ⅲ部

# 統計の基礎と Excel の処理
### ～データ分析編～

# CHAPTER 10 偏差値って何？
## ——偏差値100とったことありますか

**key words**　分散、標準偏差、偏差値、正規分布

　偏差値100とったことあります？　得点なら100点満点の経験はあるけど、偏差値100なんて見たことないっていう非難の声も聞こえてきそうですが、理論的には偏差値100はあり得る数値です。

　偏差値は、学力を測るためだけにあるわけではありません。本章は、統計的知識の最初として、この偏差値を学ぼうと思います。ただ、いきなり偏差値というわけにもいかないので、段階を追って学びます[1]。

　これからは、手計算（電卓計算）を少々していただきます。

## 1　何をどう分析するのか

　調査票を回収しました。点検し、集計しました。すると、分析ということになります。一変数の分析と二（以上の）変数の分析をしていきます。

　はじめに、一変数の分析をしましょう。離散変数（＝名義尺度、順序尺度）の結果は、集計後、度数分布表か、円・棒・帯グラフなどで示します。連続変数（＝間隔尺度、比尺度）の結果は、集計後、様々な方法が可能です。度数分布表やヒストグラム、平均や分散などの計算結果を示すといいでしょう。この4つの尺度は、名義＜順序＜間隔＜比の順番で水準が上位になってきます。下位の尺度で用いられる分析方法は上位の尺度でも用いることができます。名義尺度で用いられるクロス集計表（11章、12章参照）はすべての尺度で用いていいということです。

　次に、二変数の分析です。組み合わせ自体も考えなくてはなりませんが、初

心者の方々には、まず、2つのデータがともに質的データの場合はクロス集計表を作成すること、ともに量的データの場合は、相関関係を求めて散布図で示すこと、質的データと量的データの組み合わせならば、ヒストグラムの作成をお薦めします。

変数（7章参照）によって分析は多様にあります。質的データにおいて、二変数間に、有意な差があるかどうか検定する方法として、「$X^2$検定（カイ二乗検定）」がよく用いられます。

量的データの場合には、関係の強さをみるときには相関・回帰分析が、標本間の差を見るにはF検定（分散の差）、t検定、分散分析（平均値の差）が、よく用いられます。複数の変数でどれとどれが関係しているのかを探る場合と、データを構成する背後に潜む因子を探るには因子分析が用いられます。さらに、二変数ではなく複数の変数間の関係を分析し、統合して新たな主成分を作り出すには、主成分分析が用いられます。その他、色々な分析方法があり、これらは、少し社会調査・統計学をかじったことがある人だったら聞いたことがあると思います。

……めまいがした方、ごめんなさい。コケオドシです。本書では、11章で単純集計、12章でクロス集計表を扱い、13章で$X^2$検定、t検定を扱うだけです。本章（10章）では、分散や標準偏差、偏差値など、分析のための数学的な考え方を学ぼうと思います。

表10-1　気温とビール（架空）

| 日にち | 最高気温（度） | 売り上げ（杯） |
|---|---|---|
| 7/20 | 30.2 | 105 |
| 7/21 | 23.2 | 40 |
| 7/22 | 25.3 | 55 |
| 7/23 | 29.5 | 117 |
| 7/24 | 32.1 | 123 |
| 7/25 | 34.8 | 180 |
| 7/26 | 36.7 | 258 |
| 7/27 | 34.3 | 240 |
| 7/28 | 35.0 | 163 |
| 7/29 | 33.4 | 125 |
| 7/30 | 32.4 | 111 |
| 7/31 | 31.5 | 174 |
| 8/1 | 31.4 | 155 |
| 8/2 | 31.8 | 189 |
| 8/3 | 32.6 | 202 |
| 8/4 | 32.3 | 204 |
| 8/5 | 31.4 | 195 |
| 8/6 | 31.8 | 187 |
| 8/7 | 35.8 | 250 |
| 8/8 | 33.3 | 230 |
| 8/9 | 31.5 | 200 |
| 8/10 | 30.5 | 205 |
| 8/11 | 31.3 | 198 |
| 8/12 | 31.4 | 120 |
| 8/13 | 33.4 | 260 |
| 8/14 | 28.1 | 93 |
| 8/15 | 33.1 | 210 |
| 8/16 | 32.6 | 247 |
| 8/17 | 33.4 | 250 |
| 8/18 | 31.8 | 250 |
| 8/19 | 31.0 | 200 |
| 8/20 | 31.5 | 150 |
| 8/21 | 31.5 | 180 |
| 8/22 | 31.5 | 173 |
| 8/23 | 32.0 | 206 |
| 8/24 | 31.6 | 243 |
| 8/25 | 31.7 | 210 |
| 8/26 | 31.4 | 186 |
| 8/27 | 31.2 | 174 |
| 8/28 | 30.8 | 117 |
| 8/29 | 31.4 | 74 |
| 8/30 | 31.8 | 150 |
| 8/31 | 32.2 | 120 |

1　何をどう分析するのか

さて、難しいと思いますが、お題です。

【お題28】次の結果を分析するにはどの方法を用いればいいでしょうか。
(A) 性別と飲酒程度の関係
(B) 購読新聞と職業・好きな球団の関係
(C) A 茶と B 茶の人気度の差

お題を解く前に、グラフのことを説明しておきます。先ほど述べたように、二変数の関係をグラフに表すことも多いのですが、そのとき、X 軸と Y 軸をどう決めるかを説明します(2)。たとえば前ページの表 10-1 は、あるビアガーデンの 40 日間のビールの売り上げ（杯）を、その日の最高気温と一緒に示したものです（気温は 2012 年の三重県津市。架空設定）。気温とビールの売り上げが関係あるかないかはこの表ではわかりにくいので散布図で考えましょう。

すると、図 10-1 のような散布図ができます。このとき、気温（X 軸、度）とビールの売り上げ（Y 軸、杯）を示しました。このとき、ビールの売り上げ数は X 軸と Y 軸のどちらにすべきでしょうか。

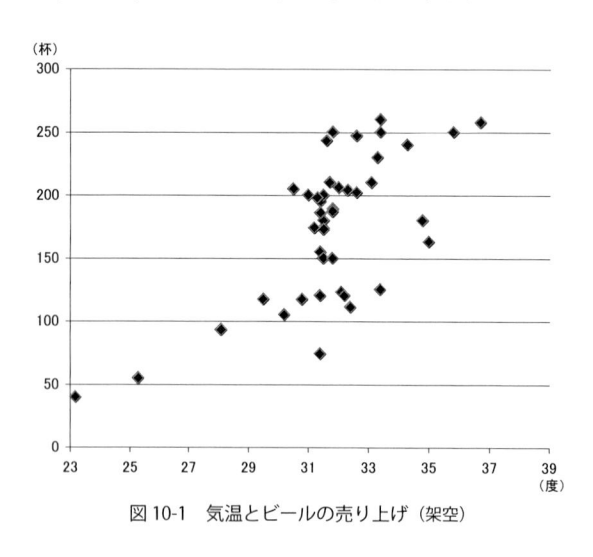

図 10-1　気温とビールの売り上げ（架空）

このタイプのグラフならば、たいていは、気温を X 軸、売り上げ数を Y 軸にとります。なぜなら、気温とビールの売り上げ数は、気温が先行する関係だからです（気温が上がったからビールが売れても、ビールがたくさん売れたから気温が上がることはないからです）。

つまり、2 つの変数

130　第 10 章　偏差値って何？——偏差値 100 とったことありますか

（グラフのX軸・Y軸）のうち、原因となりうる変数を独立変数に、結果となりうる変数を従属変数に置き、今の例では気温が独立変数、ビール売り上げ数が従属変数となって、それをグラフに書く場合、<u>独立変数をX軸、従属変数をY軸にとる</u>のが普通です（独立変数と従属変数は7章を参照してください）。

「一度読んだだけではわからないよ〜」と嘆かれる人もいると思いますが、そのときは前ページのグラフ（図10-1）を覚えておいてください（X軸が気温です）。

うっかり忘れるところでした。お題の解答です。

【解答28】
 (A) $X^2$検定……飲酒する・しないは性別（男性と女性）に関係するかどうかを見るもの。性別は質的データなのでその関連度を見るのには$X^2$検定が望ましいでしょう。
 (B) 因子分析……購読新聞の差異により、職業や好きな球団共通因子を求める方法です。
 (C) t検定……A茶とB茶それぞれの人気度を調べ（得点など）、その差が有意な差かどうかを確認します。

できなかった人、どうぞ気にしないでください。そもそも分析方法については、まだ説明していませんから（ってイジワルですよね〜）、これから少しずつ、学んでいきましょう。

## 2　分散と標準偏差

調査票で得られた数値について、2章で見たように、平均だけではわからないことも多いので、その幅について考えましょう。その際、範囲（レンジ、range）、すなわち、すべてのケースがそこに含まれる値域幅をとらえます。最大値と最小値の差です。例えば、平均17歳の集団について、実は、16〜18歳の人たちの集まり（例えば高校生の部活動の大会）だった場合と、0〜70歳の人た

ちの集まり（たとえば保育園の運動会）だった場合とでは、サンプル（標本）の性格はまったく違うでしょう。変動値が大きいサンプルほど変動が大きく、小さいほど変動が小さいという数値の概要はつかめますよね。

次に、サンプル（標本）全体の数値のばらつきをより詳しく知るために、個々のケースの数値と全体の代表値（通常は「平均」）との離れ具合を見る方法を考えましょう[3]。その際に用いられるのが、分散（variance）と標準偏差（standard deviation）です。どちらも平均値を中心にしたデータの散らばり度合い（バラツキ）が大きいほどその値が大きくなり、散らばり度合いが小さいほどその値が小さくなります。

標準偏差は、個々のデータ値と平均値の差を二乗（同じ数を2回掛ける）して合計したものをデータ数で割り、それを平方して出します。その標準偏差を二乗したものが分散です。

### ①分散と標準偏差

分散とは、平均から個々のデータ値の偏差（平均値との差）を二乗した数値の平均値のことです。

求め方は次の通りです。

(A) （算術）平均を求める
(B) 偏差（＝個々の値と平均値との差）を求める
(C) 偏差平方和（＝偏差の負の値を正の値にし（二乗）、それをデータ数で割った合計）を求める
(D) 偏差平方和をデータ数で割る

標準偏差は、分散の平方根のことです。標準偏差の二乗が分散だからです。いきなり「???」という方もいらっしゃるかもしれません。丁寧に説明しましょう。

分散を求めるときに、平均とデータ値の差（偏差）を求めましたが、それをそのまま総計すると正（＋）負（−）で打ち消し合って0（ゼロ）になってしま

います。例えば、(3点、1点、0点、− 4点) というデータがあるとしましょう。その4つデータの平均は「0点」ですよね。そうすると、偏差は (+ 3、+ 1、0、− 4) です。これを足し合わせると0 (ゼロ) になりますが、これは当たり前です。平均から個々のデータ値の差を足したのですから。

でも、0 (ゼロ) になってしまうと、その後どうする?……となって、次を考えることが困難です。そこで、0 (ゼロ) 以外の数値を求めるためにあえて偏差を二乗して、正の数だけにするようにしたのが「分散」なのです。

ですが、二乗して求めた分散は、もともとのデータとは単位が異なります。今の例でいうならば、$\{3^2 + 1^2 + 0^2 + (-4)^2\} \div 4 = 26 \div 4 = 6.5$ です。この6.5という分散は、点という単位ではありません。そこで、それを点という単位と同じにするために二乗した数値を平方して戻す必要があるでしょう。そのために分散の値の平方根を求めるのです。今回の場合、標準偏差は$\sqrt{6.5} \fallingdotseq$ 2.55点となります。

もう一度述べると、分散の単位はデータの単位の二乗になっていますから、例えば「年」を単位として測定された「教育年数」の分散を求めた場合、その分散の単位は年の二乗となるので、はっきりしなくなります。分散とは平均値と単位が違うことを常に頭に置いておく必要があるのです。

いくら説明してもわかったような気になるだけでしょう。そこでお題にチャレンジです。実際に計算を体験して、着実に身につけましょう。

【お題29】次のA〜Cのクラスの得点をもとに、①(算術)平均、②偏差と平均偏差(偏差全体の平均)、③分散、④標準偏差を求めましょう。
A：10、13、13、15、15、15、15、17、17、20 （点）
B：2、5、6、8、10、12、14、16、17、20 （点）
C：13、14、14、15、15、15、15、16、16、17 （点）

2 分散と標準偏差

【解答29】
① A・Cの合計は、それぞれ150 ÷ 10（データ数）= 15
　 Bの合計は110 ÷ 10（データ数）= 11
　 A・Cは15、Bは11

② 偏差は A：－5、－2、－2、0、0、0、0、＋2、＋2、＋5
　　　　　B：－9、－6、－5、－3、－1、＋1、＋3、＋5、＋6、＋9
　　　　　C：－2、－1、－1、0、0、0、0、＋1、＋1、＋2
偏差はすべて平均からの差なので、平均としてはすべて正数（絶対値＝0からの距離）として考えると平均偏差が求められる。
　A：18 ÷ 10 = 1.8、B：48 ÷ 10 = 4.8、C：8 ÷ 10 = 0.8
　平均偏差は　A = 1.8、B = 4.8、C = 0.8

③ 分散は各偏差を二乗してその合計をデータ数（10）で割ったものなので、
　A：25 + 4 + 4 + 0 + ・・・ + 4 + 4 + 25 = 66　66 ÷ 10 = 6.6
　B：81 + 36 + 25 + ・・・ + 25 + 36 + 81 = 304　304 ÷ 10 = 30.4
　C：4 + 1 + 1 + 0 + ・・・ + 1 + 1 + 4 = 12　12 ÷ 10 = 1.2
　A = 6.6、B = 30.4、C = 1.2

④ 標準偏差は分散から平方根をとったもの（√したもの）なので、
　A：$\sqrt{6.6}$ = 2.569　B：$\sqrt{30.4}$ = 5.513　C：$\sqrt{1.2}$ = 1.095
　A = 2.57、B = 5.51、C = 1.10（1.095）
小数点以下がずっと続くような場合、小数点第3位を四捨五入して第2位までで示せばいいです。

## ② 変 動 係 数

分散・標準偏差に続いて、ばらつきを調べるものに変動係数（coefficient variation）があります。標準偏差を平均で割って値を平準化するものです。もと

もとの平均や単位が違う集団間で比較するときに用います。

例えば、イクラ100gの生産地別価格（500, 750, 900, 1200, 1500）円、プラチナ10gの5日間の店頭販売価格（30000, 20000, 28000, 42000, 55000）円のとき、イクラの標準偏差は47円、プラチナは671円です。プラチナの方がばらつき度が大きいと言えるでしょうか。この2つは価格がまったく違うのです。イクラの最高値は最低値の3倍、プラチナは2倍未満です。このとき、標準偏差を平均で割ってそれぞれの変動係数を求めます。すると、いくらは0.27、プラチナは0.18となります。したがって、いくらのばらつき度が大きいことがわかります。変動係数の使い方の例です（が、無茶苦茶な比較でした。ごめんなさい＜（＿ ＿）＞　本章の「おまけのお噺」参照）。

式としては、標準偏差÷平均＝変動係数となります。

さきの【お題29】のA～Cの変動係数はどうなるでしょうか。

標準偏差÷平均＝変動係数の式を当てはめてみましょう。

　A＝2.57÷15＝0.171　B＝5.51÷11＝0.501　C＝1.10÷15＝0.073

これによりC組のばらつきがもっとも小さいことが分かります。

## 3　偏　差　値

大量のデータを調べると（生物学的、社会的な分布）、その数値が平均を軸に左右対称で均整のとれた釣鐘型のグラフとなります。これを正規分布と呼び、すでに皆さんは2章で学びました。

偏差値とは、ある人のデータxについて、平均値$a$からの上下へのずれが標準偏差（先に学んだ散らばりの大きさを示す目安）の何倍に相当するかを、数式「$z = (x - a)/s$」で計算した数値です。

この式の説明として、zは平均$a$、標準偏差sが求められているとき、データ値xから$a$を差し引き、sで割った換算値（標準得点）を読み替えたものです。なにも個人の学力成績や大学の評価にだけ偏差値はあるのではなく、様々な場面で用いることができます[4]。

偏差値は「$T = 10z + 50$」で求められます。上記の式を入れ込めば、「$T = 10 \times (x - a) / s + 50$」となります。

$z$ 値が 0 の場合は 50 となります。つまり、平均値の偏差値はつねに 50 になるのです。

基本的には正規分布なので、偏差値 50 を中心に、40〜60 の間に全体の 68% が分布し、30〜70 の間に全体の 95% が分布します。

したがって、$z$ が 5 以上になれば、100 を超えることもあるのです。例えば 100 点満点なのに極端に難しい試験問題だったため、平均点が 15 点、標準偏差が 13 だったとき、ある人がその類題を事前にしっかり勉強していたため 80 点なら、偏差値はちょうど 100 になります（あくまでも計算上なので、実際にはなかなか現れません）。

【お題30】お題 29 の例から、A〜C クラスで 17 点だった人の偏差値をそれぞれ求めましょう。

簡単ですね。すぐ解答します。

【解答30】

偏差値の公式は $T = 10z + 50$

$z =$（$x$（求める点）$- a$（平均点））$\div s$（標準偏差）

A と C の平均点は 15 点なので、$17 - 15 = 2$（点）、B の平均点は 11 点なので $17 - 11 = 6$（点）。

A の標準偏差は 2.57 なので、$z = 2 \div 2.57 = 0.778$　$T = 7.8 + 50 = 57.8$
B の標準偏差は 5.51 なので、$z = 6 \div 5.51 = 1.089$　$T = 10.9 + 50 = 60.9$
C の標準偏差は 1.10 なので、$z = 2 \div 1.10 = 1.82$　$T = 18.2 + 50 = 68.2$

偏差値はそれぞれ、A：57.8　B：60.9　C：68.2

今回は、そんなに難しくなかったのではないですか？　計算が多くて大変だったという方もいるでしょうが、ぜひ復習しておいてください。

【本章のポイント】
(1) 結果が出たら、それをどう分析するかを考えましょう。質的データ、量的データの違い、比較する変数の違いなどで様々な分析方法があります。本書ではクロス集計表、$X^2$ 検定、t 検定を説明します。
(2) 分散と標準偏差の求め方をマスターしましょう。
(3) 偏差値の仕組みを理解しましょう。

【注】
(1) 本書で扱う10章以降の統計に関して、独習のテキストとして[向後他 2007][浅井 2010][石村 2012]などをお薦めします。本章2、3節は[大谷他 2005]を参照しています。
(2) [ザイゼル 2005]は、社会調査・統計学に携わる者必携のテキストです。％表示、グラフ、％を横にとるか縦にとるか、DK・NAの違い、クロス集計、パネル調査など、社会調査全般の問題を丁寧に説明しています。[ベスト 2002]は、様々な統計の問題を議論した良書。とくに「質問の言い回しが結果を左右する」「どんな計測方法が選ばれたのかはしばしば隠されている」「標本（サンプル）の大きさより代表性の方がはるかに重要」等を指摘しています。
(3) 本書では説明していませんが、偏差としては、四分位偏差もよく使われます。
(4) 少々先走りますが、Excelを用いた結果を、記しておきます（詳しくは14章参照）。掛け算の「×」は「＊（アスタリスク）」を入れます。（素点－平均点）の（ ）も忘れないようにしましょう。割り算の「÷」は「／」を入力します。

1つの偏差値を出した後に、その式を他のセルへコピーしますが、そのときに、各科目の「平均点」と「標準偏差」は「絶対参照」とするために、平均点のセルを指定したら「（ファンクションキー）F4」をクリックし、例えば、「G14」が「$G $14」と変化（絶対参照となります）したことを確認してから次に進みましょう。

1つの科目で偏差値がすべて出そろったらその式を次の科目へコピーしますが、その際、「平均点」「標準偏差」が変わりますので間違えないようにしましょう。

右表10-2はその結果です。

表10-2 各科目のそれぞれの偏差値

| 出席番号 | 生活統計(点) | 偏差値 | 社会学(点) | 偏差値 | 教職概論(点) | 偏差値 |
|---|---|---|---|---|---|---|
| 1 | 95 | 61.9 | 70 | 59.9 | 96 | 57.9 |
| 2 | 85 | 54.4 | 60 | 53.3 | 100 | 60.7 |
| 3 | 65 | 39.6 | 60 | 53.3 | 76 | 43.6 |
| 4 | 95 | 61.9 | 60 | 53.3 | 90 | 53.6 |
| 5 | 60 | 35.9 | 75 | 63.3 | 82 | 47.9 |
| 6 | 85 | 54.4 | 55 | 50.0 | 100 | 60.7 |
| 7 | 80 | 50.7 | 40 | 40.1 | 68 | 37.9 |
| 8 | 90 | 58.1 | 35 | 36.7 | 92 | 55.0 |
| 9 | 75 | 47.0 | 30 | 33.4 | 58 | 30.7 |
| 10 | 60 | 35.9 | 65 | 56.6 | 88 | 52.1 |

## 【おまけのお噺】　壺算

　産地直送で鮮度抜群の高級イクラが、2kg で 8,880 円の大特価だと聞いたら、買いますか？　……嫌いなら要りませんよね。でも、好きなら魅力的！　昨日まで 1kg で 9,990 円だったのが本日 2 時間限定 50 セットのみの販売だったらどうでしょう。すぐに買いますって言いそうです……。
　さて、主人公がすごく得をした噺としては「壺算」が有名です。
　甕（かめ）を買いに瀬戸物屋に行く二人。まず、小さいサイズの甕をかなり強引に値引きさせ、それを買って、自分たちで持って帰ります。しかし、その後、実はサイズを間違っていたと戻ってきます。2 倍の大きさの甕に取り換えてもらえないかとたずね、いいと応ずる主人に、さらに、先ほどの甕は下取りで引き取ってもらえないかと聞きます。まだ使ってもいないものなので、いいですよと回答を得ると、今度は、先ほどの代金と、いま下取ってもらったものとを合わせれば、2 倍のものが買えるはずだと言って、店の主人を納得させます。
　大きい甕を持って帰ろうとする二人を、どうも見送り切れない店の主人は、二人を呼び戻します。しかし、その二人を前に、何度も何度も計算をやり直す主人は、結局、訳がわからなくなり、パニックに陥る始末。しまいには、下取りの甕も、元々の金も、全部、持って帰ってくれと懇願してサゲとなります。
　……冷静にストーリーを書いてみると、なんともまあ、かわいそうなご主人ということになります。
　でも、皆さんは、このやり取りで、瞬時に判断できますか？
　新作落語を作っている方の素晴らしい「改作」もありますが、いずれも、無理に値引きしてあげた上に、最終的には大損してしまうご主人が……楽しいです。
　この噺の瀬戸物屋のような潔さがない私たちは、TV ショッピング、新聞広告、Web ショップなどで、少しでも得をしたいと思っていますし、売る側は少しでも得に売りたいでしょう。さて、先の 2kg 8,880 円ですが、本当に昨日まで 1kg 9,990 円だったのか、ふと疑問に思う今日この頃です。

# CHAPTER 11 集めたものを整理する
## ——復習、総ざらいの章！？

**key words** エディティング、コーディング、クリーニング、質的（カテゴリカル）データ、量的（数値データ）、尺度、平均、度数分布、単純集計、クロス集計、表頭、表側

いよいよ分析へ向かっていきます。本章で、集計・整理と分析の一部をしていきましょう。

## 1 集計から分析へ——体重測定の例を中心に

実際に調査を行ったら、次はその集計をして、分析を行います。現在、多くの調査票調査の場合、集まった回答用紙を見て、Excel等に入力する作業がこの集計作業の中心となるでしょう。その行程のなかでもいくつか注意点がありますので、それを確認しましょう。

### ①エディティング（editing、点検）

回収した調査票を一つひとつ見てみましょう。すると、すべての項目が埋まっているわけではなく、空欄のものもあることがわかります。それは記入漏れなのか、回答者が意図的に空欄にしたのかどうか、調査者側は即断できません。

意図的に空欄にした場合も、答えて欲しい人が答えてない場合、例えば、結婚しているかどうかをたずねたときに、それに答えたくないというような場合は、「無回答（No answer、NA）」となります。これは回答者側の意図的な拒否と言えます。しかし、例えば世帯収入をたずねたときに、その回答者が自分の家の家計に関する情報を全然知らないから書きようがないという場合もありま

す。これは「回答不能（Don't know、DK）」ということになりますよね。さらに、その質問項目には回答する人として該当していない場合（子どもがいない人に、子どもとの同居をたずねる質問など）もあります。これは「非該当」です。

　NAを防ぐのはなかなか難しいのですが、DKを防ぐために、回答し難い質問の場合、質問項目のなかに「わからない」「知らない」などの項目を入れておくのも1つの方法です（多くがそれを選択してしまうようにならないような工夫も必要です）。

　年齢に「234歳」と記入されたものや、年齢で「15歳未満」を選択したのに学歴は「大学卒」というものは、明らかな誤記入（もしくはいたずら）です。これについて、集計対象から外す（他の回答でもいい加減な回答をしている場合など）という処理を行います。この作業をデータのエディティング（editing、点検）と言います[1]。「男性」をチェックしているのに「女性だけ」答える項目で回答している場合、それは集計からはずします。

　この段階で初歩的なミス等をチェックしておかないと、分析の際に大いに困るので、面倒でも必ず行いましょう。ただし、空欄があったから勝手に記入するようなことは絶対にしてはいけません（これはメイキングと呼ばれます）！！

　現地で面接法の調査票調査を行っている最中ならば、誤記などが発見され次第、再調査を行うなどして訂正が可能でしょうが、それ以外の方法の場合は、修正やその回答を取り扱わないなどの選択が求められます。それぞれの調査では独自のルールを定めていますので、皆さんが調査したときも、どうするのかをあらかじめ決めておきましょう。

### ②コーディング（cording、符号化）

　得られたデータは、統計ソフトや表計算ソフトで集計分析するのが、当たり前の現在（かつては手計算・手書きの時代もあったなんて信じられます！？）、基本的に、最初に作成する表には、縦軸（列）に個人ID、横軸（行）に質問項目（変数）を並べていくといいでしょう。

140　第11章　集めたものを整理する——復習、総ざらいの章！？

単一選択の場合は、回答者が選んだ数字を入力していけばいいですが、複数選択の場合は枠をいくつか（最大限の数まで）準備しておいて、選んだ数字をすべて入力すればいいでしょう。
　また、4つの選択肢から1つ選んだ場合、数値化するなどの作業を行います。表計算ソフトや統計ソフトを用いる場合は、男女などの性別等も1や2に置き換え、数値化していく必要があります。この変換作業をコーディング（cording、符号化）と呼びます。コーディングは集計作業の前までに必ず準備しておかないといけません。そして、下表11-1のような「コーディング・リスト」を作成しておくと入力がしやすくなります。
　自由回答の場合は、アフターコーディングを考えます。せっかく書いてい

表11-1　コーディング・リスト（の一部）

| 質問項目 | | | 内容 | DK, NA | 非該当 |
|---|---|---|---|---|---|
| ID 番号 | | | | | |
| A1 | 入学年 | | 1966〜2007 | 9 | |
| A2 | 入学方法 | | 指定校＝1、公募＝2・・・その他＝7 | 9 | |
| B1 | 入学理由 | | 分野＝1、資格＝2・・・その他＝13 | 99 | |
| B2 | 他大学 | | ない＝1、ある＝2 | 9 | |
| SQ1 | 種類 | | 四年制＝1、短大＝2・・・その他＝4 | 9 | |
| B3 | 期待 | | 期待通り＝5・・・期待はずれ＝1 | 9 | |
| B4 | 学費 | ア 家族 | 全額＝4・・・全くない＝1 | 9 | 8 |
| | | イ 自分 | 全額＝4・・・全くない＝1 | 9 | 8 |
| | | ウ 奨学金 | 全額＝4・・・全くない＝1 | 9 | 8 |
| | | エ その他 | 全額＝4・・・全くない＝1 | 9 | 8 |
| B5 | 資格取得 | | 栄養士＝1・・・その他＝11 | 99 | |

だいた回答を何とか分析に活かそうとする努力が必要です。うまくいけば、自分では考えつかなかった項目が出てきてそれで1つのまとまりになるかもしれません。
　なお、NA、DK、非該当などの場合、データ入力時には「欠損値」（missing value）と扱うことも多いです。

【お題31】表11-2を、Excel 2010などを使って入力してみましょう。

1　集計から分析へ——体重測定の例を中心に

表 11-2　あるクラスの 39 名分の体重（架空、出席番号順）

| 40.2 | 59.2 | 75.6 | 62.2 | 47.9 | 50.1 | 47.6 | 66.2 | 60.3 | 47.1 |
| --- | --- | --- | --- | --- | --- | --- | --- | --- | --- |
| 58.7 | 66.7 | 52.8 | 83.6 | 38.1 | 45.6 | 69.0 | 52.2 | 54.4 | 39.8 |
| 73.4 | 61.9 | 48.5 | 47.1 | 54.7 | 56.1 | 63.5 | 77.1 | 44.9 | 78.6 |
| 48.8 | 76.8 | 68.9 | 48.7 | 63.8 | 52.7 | 56.5 | 64.4 | 54.9 | (kg) |

【解答 31】省略。145 ページの表 11-3 参照。

### ③クリーニング（cleaning）

　調査票のデータを入力し終えたときには、「入力エラー」と「論理エラー」が発生していないかどうかを確認します[2]。これらの作業を、クリーニング（cleaning）と言います。

　前者は、記入ミスなどが代表例です（1～4 までの選択肢なのに 6 と入力してしまっているなど）。また、エディティングの段階でミスが判明せず、入力したときに、論理的に誤っていることがわかる場合もあります（単一選択で複数選んだ場合や、結婚しておらず子どもがいないのに、児童手当の受給を選択しているなど）。これらを見つけ出し、破棄・修正等をしていきます。このときも、ルールを決めておき、その回答を扱うのか、扱わないのかを決めておくといいでしょう。

## 2　尺度と平均と度数分布——復習を兼ねて

### ①質的データと量的データ

　繰り返しますが（それだけ重要だと考えているのですが）、選択肢の形式によって得られるデータを質的データと呼びます。そもそも質的データは、数値として集計できないものです。ですから、当然、四則演算（＋－×÷）もできません。先述の通り、例えば、男性・女性の性別をたずねたとき、それを「女＝1、男＝2」と数値に置き換えて分析を進めていきます。ただし、その「1」や「2」に

特別な意味はありません。度数分布表（frequency distribution）を作ることはできますが、平均「1.5」を出すことに意味はありません。このような質的データを分析する場合、単純集計をした後に、いくつかの項目ごとでの連関を見る「クロス集計表（contingency table, cross tabulation）」を作成することになります（<u>本章の最終目的はこれです！</u>）。

量的データの場合、数値として集計ができ、四則演算も可能です。

復習ですが、尺度のなかで「名義尺度」（性別、居住地等）と「順序尺度」（成績の五段階評価、休日の過ごし方で好きなことの順位等）が質的データであり、「間隔（距離）尺度」（満足度、……）と「比（比率）尺度」（四則演算可能な、クラスの人数・身長・時間等）が量的データです。

【お題32】尺度の復習（8章）です。次の①〜④には、(A) 名義尺度、(B) 順序尺度、(C) 間隔尺度、(D) 比尺度のどれを用いればいいでしょうか？
①血液型　②座高　③気温　④メニューの売上順

よく考えましたか。自分なりに答えてから、以下の解答を見ましょう。

【解答32】
① (A) 名義尺度　　② (D) 比尺度
③ (C) 間隔尺度　　④ (B) 順序尺度

二度目でしたができていたでしょうか。分析のときに、どの尺度かというのも大きなポイントになりますので、ぜひ、覚えておきましょう。

### ②平　　均

量的データに関して、具体的な数値の事例で考えましょう。
さて、得られたデータをバラバラのままにしておくわけにはいきません。整

理する必要が出てきます。先の【お題31】は、架空クラス39名の体重測定の結果です。

突然ですがお題です。

【お題33】表11-2のアベレージ、メディアン、モードを求めましょう。

（すっかり忘れたかもしれない）2章の復習です。3種類の中心、アベレージ・メディアン・モードを（手計算もしくは電卓で）それぞれ算出してください。……すぐわかりましたか？

健康診断において個々人に重要なのはもちろん自分の記録ですが、それを第三者が全体と比較する場合などのために確認したいのは、誰か一人の結果ではなく、あくまでも「全体の傾向」でしょう。表11-2のままでは、数えるのが煩雑で面倒なので、これを順番に並べ替える作業が必要です。例えば体重の軽い人から重い人へ並べ替える（左上から右下へ）と次の通りになります。

こうするとメディアンやモードは求めやすくなったのではないでしょうか（Excel 2010などを使えば簡単だというのは後でしますので……）。

【解答33】

アベレージ（算術平均）は、（38.1 ＋ 39.8 ＋……78.6 ＋ 83.1）÷ 39 ＝ 2258.2 ÷ 39 ＝「57.9kg」。

表11-3　あるクラスの39名分の体重（表11-2を軽い順に並べ替え）

| 38.1 | 45.6 | 47.9 | 50.1 | 54.4 | 56.5 | 61.9 | 64.4 | 69.0 | 77.1 |
| --- | --- | --- | --- | --- | --- | --- | --- | --- | --- |
| 39.8 | 47.1 | 48.5 | 52.2 | 54.7 | 58.7 | 62.2 | 66.2 | 73.4 | 78.6 |
| 40.2 | 47.1 | 48.7 | 52.7 | 54.9 | 59.2 | 63.5 | 66.7 | 75.6 | 83.1 |
| 44.9 | 47.6 | 48.8 | 52.8 | 56.1 | 60.3 | 63.8 | 68.9 | 76.8 | (kg) |

メディアン（中央値）は上下20番目にあたる「56.1kg」。

モード（最頻値）は「47.1kg」が2人（他はすべて1人ずつ）。

手計算、お疲れ様でした！！　努力（?）は報われます！

### ③度数分布表（frequency distribution）

平均を出しただけではまだ「全体の傾向がつかめた」とは言えません。次に行いたいのが、データの要約と整理です。全体の散らばり具合を見るために、測定値を整理するのです。それでは、まとまりはどのようにすればいいのでしょうか[3]。そんなときに度数分布表が用いられます。

ここでは度数分布表を6つの階級（分類の基準）に分けてみましょう。もっとも重いのが83.1kgで軽いのは38.1kgですから、その差は45.0kgとなります。階級幅を10kgで5つに区切れば、左表11-4になります。表11-4、図11-1で例えば「45～55」の階級は「45kg以上55kg未満」を示しています。

この表でも大体傾向は見ることができますが、いくつかのクラスの比較等をする場合、左図11-1のようなヒストグラム（図1-6と同じ）を作るとよりわかりやすくなります。

階級を少なくして集約するという方法もあります。もちろん、すべてのケースで簡略化すればいいということではありません。分析していくなかで、何を中心に考えるかということがポイントです。

なお、度数分布表は、データがどのように分布しているかを見るときに用いますが、その際、次の2つの度数（割合）も理解してお

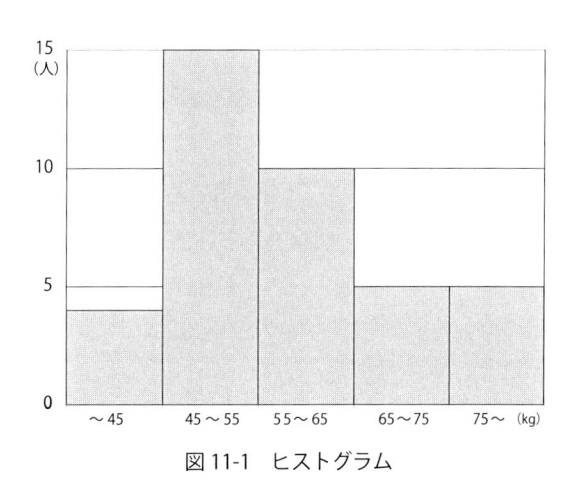

表11-4　度数分布表

| 階級（kg） | 人数（人） |
|---|---|
| ～45 | 4 |
| 45～55 | 15 |
| 55～65 | 10 |
| 65～75 | 5 |
| 75～ | 5 |
| 計 | 39 |

図11-1　ヒストグラム

きましょう。1つは相対度数（％で示す。各度数を全体の度数で割り、全体のなかの割合を求める）で、もう1つは累積度数（各階級の割合を合算したもので、その階級までにどのくらいいるかがわかる）です。

## 3　集計表（単純、クロス）

### ①単純集計表（grand total tabulation）

　度数分布表は、データの分布を見るときに役立ちます。調査票の各項目の集計は、結果を集計表の形にしましょう。

　その集計表には、各質問項目の度数及び相対度数を表の形にした「単純集計表」と、項目同士の関連を示す「クロス集計表」があります。後から分析することを考えると、最初に、基本属性ごと（性別・年齢・居住地等）の数値を確認すべく、単純集計表を作成しましょう。

### ②クロス集計表（contingency table, cross tabulation）

　単純集計表が作成できたら、いよいよクロス集計表の登場です。

　2つの質的データで度数を2つに分類したものを（二重）クロス集計表と呼びます（以下はクロス集計表とします）。「性別で行動が異なる」とか「学歴で意識が違う」などが予想された場合、それを確認します。そのとき、2つの変数の単純集計を行と列に配置し、その結合したセルに合う度数（％）を示しすものがクロス集計表です。

　クロス集計表では、独立変数（説明変数）は「表側」に、従属変数（被説明変数）は「表頭」に置かれ、比率は「行」（横100％）方向で示されます（これを「行パーセント」と言います。「列パーセント」、「全体パーセント」もありますが、まず、初心者の皆さんは「行パーセント」を覚えておくといいでしょう）。

　……やってしまいました。説明なしで、いきなりすみません。

クロス集計は、2つの変数の集計結果を合わせて示すものです。一般に、何かを説明しようとするときに、その説明される変数（従属変数＝被説明変数＝質問項目、7章で説明しましたが、覚えていますか？）を表頭に示します。そして、それを説明する変数（独立変数＝説明変数＝性別・年齢・職業など）を表側に並べます。

　例えば下のような表があったとします。このとき「男女別にみた飲酒有無」は、そのクロス集計表の「表題」です。そのクロス集計表で、何を示しているのかを表現したものです。

　そして、この表では「人数」が「計測単位」になっています（表には割合（％）と表記することも多いです。この表のように実数だけだと、全体の割合などのイメージがつきにくいですからね……）。

　「表頭」「表側」は、分類された数値を分類した区分を指します。したがって、この表 11-5 は、「飲酒する」「しない」が「表頭」で、「男性」「女性」が「表側」となります。また、全体数や項目数を N としておいて、後は％のみをセルに入れる表 11-6 という方法もよく見られます。実数表記だと全体像が見えにくいので、行パーセントで示し、例えば表 11-6 の場合は、この調査で飲酒の有無は性別で大きく異なることが簡単にわかります。回答者の人数に差があり、表 11-5 では、実数だけだと女性の飲酒数が多く、一目で、男女の割合の差を示すのは困難でしょう。これがクロス集計表の簡単なしくみです。

　なお、表だけでは情報を示しきれない場合（有意水準など）、「脚注」を表の下に置いて、資料出典やその他の情報、あるいは質問文を併記します。本書は省略していますが、お許しを。

　クロス集計表の説明を終えたところで、その中身については、次回にします。本章はここまで。

表 11-5　男女別にみた飲酒有無

|   | 飲酒する | しない | 合計（人数） |
|---|---|---|---|
| 男性 | 600 | 200 | 800 |
| 女性 | 800 | 1,200 | 2,000 |
| 合計 | 1,400 | 1,400 | 2,800 |

表 11-6　男女別にみた飲酒有無（％）

|   | N | 飲酒する | しない |
|---|---|---|---|
| 男性 | 800 | 75.0% | 25.0% |
| 女性 | 2,000 | 40.0% | 60.0% |
| 合計 | 2,800 | 50.0% | 50.0% |

【本章のポイント】
(1) 集計作業は重要です。エディティング・コーディング・クリーニングなどしっかり行いましょう。単純集計と度数分布表も確実に作成しましょう。
(2) 尺度など重要なものは復習しておきましょう。また、度数分布などではアベレージなど基本的なことも忘れずに。
(3) クロス集計が本章の最大のポイントです。どれを組み合わせてクロス集計をするといいか、いくつか試行錯誤して、できるようになっていってください。

【注】
(1) 各調査票に通し番号を割り振ることをナンバリング（numbering）と言います。これは、回収したらすぐに行う場合と、エディティングを行った後、有効回答か無効回答かを確定させてから行う場合があります。
(2) 調査票を見ながら、直接入力する場合と、一度、調査票の数値を、「入力リスト」などを作成して記入してから入力する場合があります。ついつい、前者にしがちですが、できうる限り、「入力リスト」へ一度記入してから入力した方がミスは少なくなります。
(3) 実数ではなく％表記にした場合、小数点第1位までや整数の％で表記すると、合計が100.0％（もしくは100％）にならなくなる場合（99.9％や100.1％）もあります。この場合、数字をそのまま表記するか、合計と合わなくても無理に100.0％と表記するか、個別の数値（もっとも大きな値）を調整して合計を100.0％になるようにするかいずれかの方法をとります。

## 【おまけのお話】 記述統計と推測統計

　統計学の基礎で最初に説明されることをお話ししておきます。記述統計と推測統計という考え方です。

　記述統計とは、データ全体の概要を「記述」する方法（＝学校のある学年の特性を見出す場合など）です。得られたデータを、度数分布表、クロス集計表、ヒストグラム等の図表や、代表値、標準偏差、相関係数等の指標で示します。つまり、データの情報を効率的に記述し、データ分析の基本となるものです。本書で学んだ、ばらつきの程度を示す「標準偏差」「分散」（本書では扱いませんでしたが、分布の偏りの散布度を示す「尖度」「歪度」）、中央値（メディアン）、最頻値（モード）、範囲（レンジ）などが利用されます。

　推測統計とは、対象とする集団（母集団）の一部（標本）を測定し、その結果（統計量）から、集団全体（母数）の特性を推測する方法（＝典型例がテレビ等の視聴率調査、世論調査や内閣支持率調査等）です。得られたデータから条件差の有無等で研究者共通の判断基準を設けて、データ解釈の主観性を抑え、統計的検定を行います。

　さて、例えば、ある検診結果が目の前にあります。これを皆さんはどう読み解きますか？　それは、記述統計の問題ということになります。単純集計からクロス集計表を作成し、二者関係を読み取ることはできるでしょう。ある学年に特定の現象が起きているとわかったとします。次はどうします？　その関係について、「解釈（分析）」が必要になります。そこで、忘れてならないのは、数値は数値でしかないということです。読みとるのは調査者（分析者）ということになりますが、ある2つの相関関係が強かったならば、それはなぜなのか、自らがそのときに持っている、知識・情報・経験等をフルに活用して、ある仮説を出すことになります。もちろん、それは正解かもしれませんし、そうではないかもしれません。それが分析の醍醐味ということでもあるでしょう。

# CHAPTER 12 見かけと中身が違う！
──ケータイ依存と性別

**key words** 度数分布表、単純集計表、クロス集計表、表頭・表側、エラボレーション、相関関係、相関係数、オッズ比

　前章では、調査結果を集計して度数分布表を作成し、単純集計表からクロス集計表の作成まで説明しました。本章で復習をした後、クロス集計表の注意点等を確認したいと思います。相関関係も学びます。そのうち相関係数とは、量的変数の関連性を示すものです。散布図を見て、「完全な正の相関」「正の相関」「無相関」「完全な負の相関」「負の相関」「曲線相関」などに分類できます。

表 12-1　度数分布表（問題）

|  | 度数 | 相対度数(%) | 累積相対度数(%) |
|---|---|---|---|
| 2点未満 | 2 |  |  |
| 2～4点未満 | 3 |  |  |
| 4～6点未満 | 7 |  |  |
| 6～8点未満 | 5 |  |  |
| 8点以上 | 3 |  |  |
| 計 | 20 |  |  |

　146ページの説明がわかったかどうか、度数分布表の復習として以下のお題をしてみましょう。

【お題34】右表（表12-1）の穴埋めをしましょう。

答えは155ページをご覧ください。

## 1　クロス集計表

集計結果の分析について、具体例で考えてみましょう。

## ①単純集計表

ある調査の質問で、「賛成」が75名、「反対」が25名だったとしましょう。賛成の方が3倍ですが、それを細かく分析することは重要です。属性（学年や所属クラブ、性別等）で賛成・反対が異なる可能性もあります。それを見るときにクロス集計表は便利です。

表12-2　学食アンケート

| 意見 | 割合 |
|---|---|
| 賛成 | 50.0% |
| やや賛成 | 15.0% |
| やや反対 | 25.0% |
| 反対 | 10.0% |
| 合計 | 100.0% |

左上の表12-2は、「来年度の施設充実費を1人あたり5万円アップさせて学食を全面改装する」という学生委員会からの提案に対しての学生側の回答結果をまとめた単純集計表です（架空のものなので、ご安心を！）。

## ②クロス集計表

前章で述べたように、質的データを扱うときにクロス集計表は有効です。

表12-2の単純集計表だけならば、賛成とやや賛成が65%と過半数なので、実施しようかということになるかもしれません。

しかし、この賛成と反対の違いはどのような差なのかもう少し詳しく見てみたいと思いませんか。そこでもう1つの変数を組み合わせたものがこのクロス集計表です。

さあ、クロス集計表ができあがりました（表12-3）。これは、大学までの通学方法と賛成・反対をクロスしたものです。

これを見ると、実はこの学校は電車の最寄り駅からやや遠いので、電車で来た学生たちが、徒歩・バス・自転車のいずれかの方法で来ており、かつ、自動車通学者も相当数いました。この変数を入れてみると、学食を

表12-3　学食アンケートクロス集計表

| 通学方法×意見 | 賛成・やや賛成 | やや反対・反対 | 合計 |
|---|---|---|---|
| 電車＋徒歩通学 | 95.0% | 5.0% | 100.0% |
| 電車＋バス通学 | 87.0% | 13.0% | 100.0% |
| 電車＋自転車通学 | 60.0% | 40.0% | 100.0% |
| 自動車通学 | 50.0% | 50.0% | 100.0% |
| 全体 | 65.0% | 35.0% | 100.0% |

利用せざるをえないような人（徒歩・バス通学者）は学内の学食充実を願い、自分で近くのレストラン・コンビニ等に行ける人（自転車・自動車通学者）は、学費アップしてまでの改装は望んでいないことが明確になりました。とはいえ、これを見ても、自動車通学者であっても半数は学食改装に賛成なので、学内充実が望まれていることもわかりました（とはいえあくまでも架空ですから……）。

　クロス集計表は統計の表のなかでも、もっとも親しみやすいものの1つです。読み方も基本的でよいのですが、安易な読み方には気をつけましょう。また、関連があるかないかは判明しますが、その関係は有意差0.5％よりも0.001％の方が強いということではありません。強さについては別の基準で調べる必要があることだけ述べておきます。

## 2　見かけと中身が違うこと

まずお題から始めましょう。

【お題35】次のうち、説明文が正しければ○、間違っていれば何が間違っているのかを指摘してください。
(A) 漢字の読みの問題は、背の高い人が高得点でした。身長が高い方が漢字の読解力があると言えます。
(B) 血液型でA型の生徒が多いクラスは教室がきれいで、O型が多いクラスは雑然としています。生徒の血液型の偏りで教室の状況が違います。
(C) コウノトリが多く生息する町では、一家族における子どもの数が多いという相関が見られます。それは、コウノトリが子どもを運んでくるからです。

### ①見せかけの関係

「このサプリ（メント）を毎日飲むと体調がいい」という経験あります？　でも、「サプリを毎日飲む」から「体調がいい」のかどうかは、これだけではわ

かりません。

　①たしかにサプリを毎日飲んでいるから、の他に、②それまでの不規則な生活が、健康を気にして、規則正しい生活になったから、③サプリそのものが良かったのではなく、「サプリを飲んだ」という気持ちの問題（まさにプラシーボ効果）、④その他（他の可能性を考えてみてください）などの理由も考えられます。

　そこで、1つのことだけを直接結びつけるのではなく、より深く考える必要があります。

　みなさんは、いくつかの要因の関連性に関して、自分なりに知らず知らず作り上げて、簡単に自らの行動に結びつけていませんか。実際は、そのデータを検討すると、ほとんど関連性がなかったり、関連性がないように見えても、実はとても関連が深かったりします[1]。2つの現象の間に「共変関係」（ともに変化する関係）が観察されるとき、それをどのように論理的に関係づけるかは分析の課題です。……分析って、難しいですね（でも、だからこそ面白いんですけど）。

　そして、やっかいなのは、一見相関があるかのように見える2つの変数間の関係が、実は隠れている第三の変数が双方に作用していることが理由になっている場合もあり、現れている相関は「見せかけの相関」にすぎない場合です。これを「疑似相関」と言います。

【解答35】全部間違っています。どこかで聞いたことがありそうなものですね[2]。
　(A) 身長ではなく年齢（学年）と漢字の読解力が関係していました。小学低学年に読めない漢字も、高校生には読めました（そうでないと困ります）。
　(B) クラス担任の指導が教室の整理整頓を決める大きな要素でした（血液型性格診断が正しいという意見も聞こえてきそうですが……）。
　(C) コウノトリのような大型の鳥が数多く住めるような場所は、都市部ではなく、子育てもしやすい自然環境が整っている場所。であれば、その町では、子育てしやすく子どもが多くても不思議ではありません。（実際の子育てのしやすさはこのような単純なものではありませんのであくまでも架空の設定とご理解ください）。

本章では、統計学の基礎として相関について学んでいます。お題を通じてさらに深めましょう。

## ②エラボレーション（elaboration）と第三の変数

表12-4　ケータイ依存（男女別、架空）

|  | 依存的 | | 非依存的 | |
|---|---|---|---|---|
|  | 人 | % | 人 | % |
| 男性 | 44 | 44% | 56 | 56% |
| 女性 | 250 | 77% | 75 | 23% |

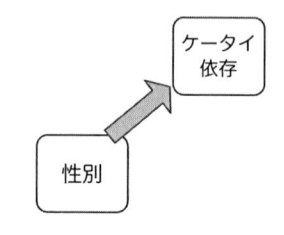

図12-1　性別とケータイ依存の関係

表12-5　ケータイ依存（年齢別追加別、架空）

|  |  | 依存的 | | 非依存的 | |
|---|---|---|---|---|---|
|  |  | 人 | % | 人 | % |
| 男性 | 25歳未満 | 8 | 80% | 2 | 20% |
|  | 25歳以上 | 36 | 40% | 54 | 60% |
|  | 合計 | 44 | 44% | 56 | 56% |
| 女性 | 25歳未満 | 240 | 80% | 60 | 20% |
|  | 25歳以上 | 10 | 40% | 15 | 60% |
|  | 合計 | 250 | 77% | 75 | 23% |

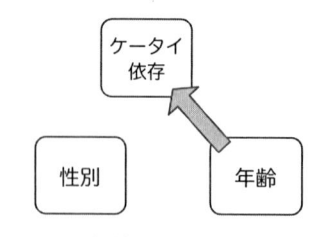

図12-2　年齢とケータイ依存の関係

2種類の変数の間に関係がある場合、他にも関係がありそうな第三の変数を加えて三重クロス集計表を作成し、変数間の関係の分析を深めることをエラボレーション（elaboration）と言います。

【お題36】ある調査機関の調査で、1日でもケータイを持たない日があると「いらいらする」「ケータイのことばかり気にする」というケータイ依存度は、男性が44％、女性が77％でした。女性はケータイ依存度が高い（依存的）と言えるでしょうか（表12-4、図12-1、架空データ）。

（A）女性は依存的と言える。
（B）数字は間違っていて、男性の方が高いかもしれない。
（C）性別以外のデータでも確認する必要があるのではないか。
（D）ケータイ依存度は、本当は低い。

繰り返します。AとBが関係しているように見えても、実際にはCと

いう要因が働き、AとB両方に影響を及ぼしている場合、AとBは「見せかけの相関」と呼びます。AとBが見せかけの相関関係にあるかどうかは、統計学では偏相関係数を用いて検定します（本書ではしません）。図12-2が今回のからくり。男性と女性の性別差ではなく、調査対象者の年齢による差でした。

【解答36】C

もうだまされませんよね。そこでこの【お題36】について、三重クロス集計表で示したいと思います（表12-5）。

いかがでしょうか。表12-4、表12-5の差異はわかりましたか。

さて、忘れた頃に【解答34】は表12-6。できていましたか？

表12-6　度数分布表（解答）

|  | 度数 | 相対度数(%) | 累積相対度数(%) |
|---|---|---|---|
| 2点未満 | 2 | 10 | 10 |
| 2〜4点未満 | 3 | 15 | 25 |
| 4〜6点未満 | 7 | 35 | 60 |
| 6〜8点未満 | 5 | 25 | 85 |
| 8点以上 | 3 | 15 | 100 |
| 計 | 20 | 100 | − |

## 3　相関関係

相関関係（correlation）とは量と量との相互的な関係を、数量的データに現れたかぎりにおいてとらえようとする考え方です。例えば、身長と体重の関係は、一方が大きくなれば、他方も大きくなります（逆も言えます）。両者の間には「正の相関関係」があると見なせます。

しかし、身長が高ければ必ず体重が重くなるというわけではありません。全体的傾向としては言えるが、必ずというわけではないのです。「厳密ではないが、ある程度の法則性が明らかである」というのが統計学でいう法則性です。この法則性は

表12-7　相関係数

| 相関係数 | 相関の程度 |
|---|---|
| $r = 1.0$ | 完全に相関する |
| $0.7 \leq r < 1.0$ | 高い（強い）相関がある |
| $0.4 \leq r < 0.7$ | 中程度の相関がある |
| $0.2 \leq r < 0.4$ | 低い（弱い）相関がある |
| $0.0 < r < 0.2$ | ほとんど相関がない |
| $r = 0.0$ | 無相関である |

厳密すぎず、ゆるすぎないものです。そして、現在では、平均・度数分布とならんで、日常的に良く知られた統計学の考え方です。

クロス集計を行う2つの質問項目がともに定量的（量で把握できる）データの場合、散布図（1章参照）を描くことで2つの関係が視覚的に理解できます。何らかの直線的関係がわかれば、相関係数として表示することが可能です。相関係数は、＋1〜－1までの値をとり、絶対値が1に近いほど2つの質問項目間に直線的関係が強いことを示しているからです。前頁の表12-7がその数値の目安です。絶対値ですからいずれも「正もしくは負」の相関ということになります。なお、相関係数は以下の式で求められます。

相関係数 r ＝（XとYの共分散）／（Xの標準偏差）×（Yの標準偏差）

この値が1に近いと直線になり、0に近いとバラバラになっていることが確認できます。なお、14章では、図1-10、図10-1の例についてExcelを使った相関係数の算出法を説明しますのでお楽しみに。

## 4　関係をとらえる方法

「オッズ比（odds ratio）」は、名義尺度の2×2クロス集計法で用いられる、相関関係の強さを示すものです[4]。説明だけしておきます。

オッズ比の求め方は、（a×d）÷（b×c）です。1に近づくほど関係が弱く、0もしくは∞に近づくほど関係が強いことを示しています。

表12-8　オッズ比

| a | b |
|---|---|
| c | d |

その他、名義尺度の関係の強さを示す指標はいろいろありますが（いずれ、多くを学んでいただきたいのですが）、そのなかでも、クラメールの連関係数は学ばれるといいでしょう。2×2クロス集計表以外にも用いることができます。2×2のクロス集計表のときは、ユールの係数やファイ係数が用いられます。

【本章のポイント】
(1) クロス集計が本章の最大のポイントです。二変数、三変数の組み合わせで違いを見つけましょう。
(2) エラボレーションもたいへん重要です。その関係は本当に関係があるのか、第三の関係による「見せかけ」ではないかを探りましょう。その際、実は、一般常識などの判断基準も重要になります。
(3) 相関関係も重要な分析のポイントです。その他、二変数の関係を調べる方法はたくさんあるので、ステップアップの段階で覚えていきましょう。

【注】
(1) ［谷岡 2007］は、日本経済新聞の広告（2003年1月24日）の、「日経読者は内定率が高い」という比較について、「日経新聞は、社会人として身につけるべき情報を入手しているから」という分析に、他の2つの可能性を提示しました（関心ある方はぜひ［谷岡 2007］をご覧ください）。一般社会では、変数が一つだけと考えずに、いくつもの要因を考えるべきということを改めて考えさせてもらえるものですね。
(2) このうちAは、［小寺 2002:35］のアレンジです。Cは都市伝説的に有名ですよね。有名な「女性とキャンデー」の例もあります［ザイゼル 2005］。女性のキャンデー消費志向を、既婚・独身の別で分析すると、キャンデーをよく食べる割合は、独身の方が高くでるので、「結婚はキャンデーの好き嫌いに与える影響があると考えられる」と即断しそうですが、実は「年齢」こそが問題だったというものです。［加藤 2005］は酒量と平均余命の例で説明しています。
(3) ［吉田 1998：65-102］、［酒井 2004：20-25］、［涌井他 2011］など。いずれも、練習問題も豊富で独習にお薦めできる良書です。
(4) オッズ比の説明でわかりやすいものとして、［佐藤 2007］［岸・吉田 2010］［神林他 2011］など。

## 【おまけのお話】　エラボレーションあれこれ

　エラボレーションは、いろいろなテキストで例が紹介されています。2問考えてみましょう。

　Q1　サッカー部のレギュラーはマラソン大会の上位に連なっています。来年のマラソン大会で入賞したいあなたは、サッカー部に入ればいいでしょうか？

　A1　もちろん、入ればいいかもしれませんが、入ったからといって上位入賞が確定したわけではありません。レギュラーになるためにはハードな練習を積み重ねたことが推察されます。そうなると、かなり走り込んでいる可能性が高く、マラソン大会に耐えうる持久力が備わったのではないでしょうか。つまり、「サッカー部のレギュラー」が「マラソン大会上位」と直接つながるのではなく、その間に「練習による持久力増加」という「媒介関係」［津島他2010：115］があると思った方が妥当です。これも「第三の変数」の1つでしょう。本文で述べたことの繰り返しになってしまいますが、AとBの関係を判断するときに、他のCなどの変数を含めて改めて分析し、このAとBの関係を明確化する作業がエラボレーションなのです。

　Q2　ある統計結果では、男性の交通事故経験は44％、女性の交通事故経験は32％でした。交通事故は、男女どちらが多いでしょうか？　（A）男性　（B）女性　（C）同じ

　A2　即答で（A）となりそうですが、実は……（C）でした。よく調べると、性差の問題ではなく、運転距離の長さによって交通事故の経験が多いことがわかったのです。つまり、上記の結果は、男性が女性より運転距離が長い人が多かったため、事故経験も多くなったという説明ができます。これはまさに、性別と事故経験が「疑似相関」という［ザイゼル2005：111,139-142］の有名な例です。

　2問とも正解ならば、洞察力ばっちりです。全然できなかった方は、本章をもう一度丁寧に読み直してください。

# CHAPTER 13 検定しましょう
## ——計算のススメ

> **key words** 統計的検定、帰無仮説、対立仮説、有意水準、2種類の誤り、$X^2$検定、期待度数、$X^2$分布表、自由度、t検定

　本章は、一部、Excelも使いますが、基本的には手計算です。検定のほんのさわりだけ一気に説明してしまいます。

## 1　統計的検定

　社会調査で得られるデータは、対象集団のごく一部です（内閣支持率調査のサンプルは日本全国の有権者数（約1億396万人《2012年の衆議院選挙時点》）のうち、わずか2000人前後であることを思い出してください）。その得られた結果について、全体を通じて妥当かどうかを推定する必要は当然あります。その統計的分析のときに用いる方法を「検定」と言います。多種多様な検定方法があるのですが、本章ではその初歩を学びます。

　質的データについて「$X^2$（カイ二乗）検定」、そしてこれは、その展開についてを述べます。量的データについて「t検定」について、こちらは少し計算をしてみます。これだけでも、数字が苦手という方にはたいへんなチャレンジかもしれません。がんばりましょう。

### ①統計的検定の意味

　「数字で説明する」のが、「調査票調査」の基本である以上、その数字を理論的に説明しないといけません。そこで、統計学で用いられる数式を用いた「検定」を利用していく必要があります。それが「統計的検定（statistical test）」と

いう作業です。調査対象となる母集団から抽出したサンプル（標本）の間に何らかの関係があるか、差があるかを、確率論的に判断して、その関係や差が母集団にも適用できるかどうかを分析するのです。

そのときに行う方法は、帰無仮説（null hypothesis、棄却したい仮説）を立てて、それが誤っていることを証明する手順になります。これを「対偶による証明法」と言って、高校までの数学で習ったはずです（大丈夫です、現時点でこれを忘れてしまっていても、この後説明します）。

「PならばQ」という命題と、「QでないならPでない」という命題の真偽は一致します。そして、対立仮説（alternative hypothesis）を立て、それを示すため危険率を決め、計算し、帰無仮説を棄却するかしないかを判定します。

その際、概ね、有意水準（significance level）「危険率5％」という形で、否定する率5％で計算し、その結果、有意な差があるかどうかを確認します。この場合、5％は外す可能性があるけど、95％は当たるということです。

この手順を示すと次の通りです。
「帰無仮説（～には差がない）と対立仮説（～には差がある）の設定」
「検定統計量の選択と計算（$X^2$ 値やt値）」
「有意水準の設定（一般的には5％）」
「理論値（臨界値）の導出」
「計算値と理論値の照合による仮説の採択（臨界値以上なら帰無仮説を棄却＝差がある、臨界値未満なら帰無仮説を採択＝差がない）」
という流れです。

## ② 2種類の誤り

調査で得られた数値に関して、統計学では2種類の誤りという考え方があります。これをわかりやすい例で見てみましょう[1]。

【お題37】1万人が受診する健康診断で、1%は診断に誤差が生じます。この診断では「健康」か「再受診」という結果がでます。99%は「健康」ですが、あなた自身は「再受診」。どう考えればいいでしょうか？

(A) 健康ではないのでふて寝　　(B) 健康かもしれないので気にしない
(C) 当然、再受診　　　　　　　(D) 健康診断をもう受けない

ほとんど冗談みたいな選択肢でごめんなさい。

私たちは、健康診断をよく受けます。健康診断の受診時点では、医師も受診者も真の状態が「異常なし」か「異常あり」かはわかりません。検査結果で判断します。真の状態がnのとき、検査結果がNであれば正しく

表 13-1　2種類の誤り（健康診断の例）

|  | 検査結果 | |
|---|---|---|
|  | 異常なし N | 異常あり A |
| 真実　異常なし n | 正 | 第1種の誤り |
| 　　　異常あり a | 第2種の誤り | 正 |

「異常なし」ということになります。また「異常あり a」のときに、診断結果も「異常あり A」であれば、これも正しいということになります（もちろん、「異常あり」自体は悲しいことですが）。

問題なのは、n（異常なし）なのに、A（異常あり）と診断される場合「第1種の誤り」（表13-1の右上のセル）と、a（異常あり）なのにN（異常なし）と判断（見落とし）されてしまう「第2種の誤り」（左下の濃い色のセル）の両方です。

【解答37】(C)。

誤差は「健康」「再受診」でも同確率で1%の誤診です。ということは99%が健康とされても、1%は誤差です。だから、表13-2のセルのように、「真実」は「健康」なのに「再受診」とされている人は結構多いということがわかります。ですからこの段階ではふて寝などする必要ないのです。むしろ、怖いのは左下の「真実」は「異常あり」なのに「健康」という診断結果が出た場合、いわ

1　統計的検定　161

表13-2　2種類の誤りの例

|  |  | 検査結果 |  | 合計（人） |
|---|---|---|---|---|
|  |  | 健康 | 再受診 |  |
| 真実 | 健康 | 9,801 | 99 | 9,900 |
|  | 異常あり | 99 | 1 | 100 |
| 合計（人） |  | 9,900 | 100 | 10,000 |

ゆる「第2種の誤り」です。見逃されるということですから、こちらがまずい。そこで、こちらをより厳重に気をつけます。2つの違いはご理解いただけたと思います。

　そして、統計学的には、第1種の誤りを犯す危険率を「有意水準」と言って、5％や1％という基準以下にすることが重要になります。第1種の誤りの確率を低く設定すると第2種の誤りの確率が高まることがわかっています。そこで、基本的には第1の誤りは、有意水準5％程度にすることが多いのです（これ以上の説明は関連書に譲ります）。

## 2　$X^2$ 検定

　社会調査では、性別・職業・学歴など多くの「質的変数」が収集されます。それらの関連性はクロス集計における度数分布から検討できます。

　名義尺度によって測定された2つの変数を用いてクロス集計を行う場合にもっとも重要な問題は、その2つの変数に何らかの関係があるかどうかです。偶然の結果か（2つが独立しているか）、関連しているかを見るのが $X^2$ 検定（chi-square test）です。

　$X^2$ は、「カイ（ギリシア文字のXなのです）ジジョウ」と呼びます。正規分布を標本分布として考え、サンプル（標本）が大きい場合の比率の検定として用いられます（サンプルがそれほど大きくなければ二項分布を用います）。

　例えば、「喫煙の有無」と「ガン有無」が無関係ならば、「タバコを吸う人」も「吸わない人」もグループ分けしたときにそれぞれのグループでガンになる割合は理論的には同じになるはずです。ですが、関係があるならばその割合が

異なっているでしょう。こういうような変数の関係を見ていくのが$X^2$検定なのです（この例は【お題38】で確認します）。ですから、私たちの行う調査票調査の分析ではよく用いられる統計的検定の1つだと言えましょう。

ある例をもとに話を進めていきましょう。

### ①調査と結果

Aさんは、大学での成績の良・不良は学力そのものより、生活リズムが崩れていないかどうかが大きいのではないかと考えました。話すととても頭の良さそうな友人が、深夜までアルバイトしていて成績があまり良くなかったという経験に基づく推論です。そこで学内で調査票調査を実施して、その仮説が正しいかどうかを検討することにしました。

Aさんの仮説は次の通りです。

「大学の成績の良・不良は、学力そのものよりも、その人の生活リズムによって規定される。睡眠時間を確保し、朝食を食べる人の方が成績が良い。アルバイト時間が多く、深夜まで起きているような人の成績は決して良くない」

この仮説を検証するため、Aさんはいろいろ考え、従属変数として成績、独立変数として、睡眠時間・朝食回数・アルバイト時間を設定し、最終的に、次のような指標（質問文）を考えました。

「従属変数……問　前期の成績（平均点）は次のどれですか」
　　　　　(1) 80点以上　　(2) 70点以上80点未満
　　　　　(3) 60点以上70点未満　　(4) 60点未満
「独立変数1……問　先週の平均睡眠時間は次のどれですか」
　　　　　(1) 8時間以上　　(2) 6時間以上8時間未満
　　　　　(3) 4時間以上6時間未満　　(4) 4時間未満
「独立変数2……問　先週（月〜金）朝食を摂った回数はどれですか」
　　　　　(1) 5回　　(2) 4〜3回　　(3) 2〜1回　　(4) 0回

「独立変数3……問　先週のアルバイト時間の合計は次のどれですか」
　　　　（1）30時間以上　　（2）20時間以上30時間未満
　　　　（3）10時間以上20時間未満　　（4）10時間未満

　もちろん、これだけを聞いたわけではありませんが、上記の4つについて単純集計表、そしてクロス集計表にした結果、より明確な差となったのが、独立変数2でした。

### ②対立仮説と帰無仮説

　それではここから何をどうすればいいのか考えましょう。

　Aさんの仮説は、「成績の良・不良と朝食回数が関連する」ということから始まります。この仮説が正しいかどうか証明するにはどうしたらいいでしょうか。

　「関連する」ということを説明するのは実はたいへん難しいのです（浮気の証拠を見つけるのは簡単かもしれませんが、多少の証拠なんか、違うと言い張り続けられたら、結局現場を押さえるしかないかもしれませんよね？……って話が少しずれたかもしれません）。

　そこで発想を転換して、逆に「関連しない」仮説を否定できる（棄却）かどうかを考えてみればいいのです。つまり、「関連しない」と言えないならば「関連する」ということなのです。

　これが「発想の転換」です。実に面白いでしょう。社会調査のなかでは、「関連しない」という仮説を帰無仮説、「関連する」という仮説を対立仮説と呼んでいます。Aさんの場合、帰無仮説は「成績の良・不良と朝食回数は関連しない」というものであり、対立仮説は「成績の良・不良と朝食回数は関連する」となります。つまり、統計的検定では、帰無仮説を棄却できるかどうかを、確率分布によって考察することと言い換えられます。

　さて、前章で学んだ「クロス集計表」の表側・表頭の双方の合計の部分を「周辺度数」と言います。「クロス集計表」の数字は「実現度数」と呼びます。帰無仮説の純粋な形、つまり「関連しない」場合の状態を「期待度数」と呼んでいます。

### ③ $X^2$ 値の算出

本書では単純化して説明します。成績は70点以上と70点未満に区分し、朝食回数は5回と4回以下に区分したところ、調査結果をクロス集計表にまとめたら表13-3になりました。

そこで、先ほどの対立仮説と帰無仮説が出てきます。もし成績と朝食回数がそれぞれ関連しないならば、合計の人数から

表13-3 実際の結果（人）

| 実際の結果 | | 成績 | | | | 合計 | |
|---|---|---|---|---|---|---|---|
| | | 上位 | | 下位 | | | |
| 朝食回数 | 5回 | 84% | 42 | 16% | 8 | 100% | 50 |
| | 4回以下 | 72% | 28 | 44% | 22 | 100% | 50 |
| 合計 | | 70% | 70 | 30% | 30 | 100% | 100 |

表13-4 期待度数（人）

| 完全に無関係の場合<br>（期待度数） | | 成績 | | | | 合計 | |
|---|---|---|---|---|---|---|---|
| | | 上位 | | 下位 | | | |
| 朝食回数 | 5回 | 90% | 45 | 10% | 5 | 100% | 50 |
| | 4回以下 | 50% | 25 | 50% | 25 | 100% | 50 |
| 合計 | | 70% | 70 | 30% | 30 | 100% | 100 |

考えて表13-4のようになるはずなのです。しかし実際は表13-3になりました。そこでその差は、関係するかどうかをそれぞれ計算して求めていきたいと思います。

今回は2×2のクロス集計表（1つの変数につき2つのセルに区分←今回は合算したもので利用します）を用いていますので、それぞれのセルのごとに、引き算をして（例えば表13-3の42から表13-4の45を引くと－3。それを二乗して9。それを期待度数45で割ると0.2。4つのセルですべて計算をして0.2、1.8、0.36、0.36。すべてを足すと2.72。

### ④ $X^2$ 分布表

実はここで、自由度（degree of freedom）という概念が必要です。セルの数によって自由さが決まります（自由度 df =（独立変数のカテゴリー数－1）×（従属変数のカテゴリー数－1））。今回は自由度1です。統計学の書籍などの多くは自由度は

巻末について説明されていますが、本書にはつけてありませんので、それを示して進めます。自由度1の場合、帰無仮説が成り立つ確率は5%の間の大きさ2.72です。したがって、「帰無仮説は危険率5%で棄却され、対立仮説が採用される」あるいは「$p \leq .05$で有意な差が認められた」と言えます。

つまり、成績の良・不良は朝食回数、すなわち生活リズムがきちんととれているかどうかと関連すると言えるわけです。Aさんの推測はこれで証明されたということになります。

なお、帰無仮説を棄却できない結果の場合は「有意な差は認められなかった」などと表現します。

【お題38】ある20人は、喫煙しない人12人、喫煙する人8人だった。同時にこの20人は健常者15人、ガン患者5人でした。完全に無関係の場合の期待度数を、右表13-5に入れましょう。

表13-5 ガン・健常と喫煙

|  | 非喫煙 | 喫煙 | 合計(人) |
|---|---|---|---|
| 健常 |  |  | 15 |
| ガン |  |  | 5 |
| 合計 | 12 | 8 | 20 |

表13-6 ガン・健常と喫煙（完全に無関係）

| 完全に無関係 | 非喫煙 | 喫煙 | 合計(人) |
|---|---|---|---|
| 健常 | 9 | 6 | 15 |
| ガン | 6 | 2 | 5 |
| 合計 | 12 | 8 | 20 |

表13-7 ガン・健常と喫煙（実際、架空）

| 実際 | 非喫煙 | 喫煙 | 合計(人) |
|---|---|---|---|
| 健常 | 12 | 3 | 15 |
| ガン | 0 | 5 | 5 |
| 合計 | 12 | 8 | 20 |

いかがですか？「期待度数」の復習です。すぐに答えを確認してみましょう。

【解答38】表13-6参照。

喫煙とガンが無関係ならば、①健常者で喫煙しない人の数は何人でしょうか？ これが、期待度数の求め方で算出できます。健常者で喫煙しない人の数 = 15 × (12/20) = 9人です。なお、②ガン患者で喫煙する人の数は、ガン患者で喫煙する人の数 = 5 × (8/20) = 2人となります。なお、実際（架空）の値も表13-7に入れてみました。表13-6との違いを確認してみてくだ

さい。

#### ⑤片側検定、両側検定

難しそうな（でも重要な）用語を使わずに説明してきましたが、一通りの例示が終わった後で、少しだけ説明をしておきます。

先ほどの帰無仮説の棄却かどうかは、標本分布によります。正規分布の図（図2-2）を思い出していただくと、棄却領域は両方に伸びていることがわかるでしょう。その片側だけを調べるのを片側検定、両方を調べることを両側検定と呼びます。

情報が少なく、仮説の方向性が定められなければ両側、定めれば片側です。$X^2$分布やF分布を利用する場合は片側、t分布などは両側が一般的です。

#### ⑥パラメトリック検定、ノンパラメトリック検定

本書で扱ってきた事例は、母集団の分布が正規分布になるような場合が多く、分布の母数（パラメーター）についての知識がなくても大丈夫でした。ノンパラメトリック検定（non-parametric test）の検定をしています（$X^2$検定など）。

しかし、なかには分布の母数の知識を利用するパラメトリック検定もあります。ただし、社会調査において、母集団の分布型が事前にわかっていることはあまりないので、(この初心者の段階で）パラメトリック検定を用いられることはあまりありません（関心のある方は［浅川 2011］などをご覧ください）。このように、統計的検定には、データの様々な条件によって適切な検定方法が用いられることになります。

### 3　t検定

量的変数（年収・満足度等）と質的変数（学歴・専攻別等）の間の関連性は、例えば「最終学歴によって同年齢の人の平均年収に差があるか」とか「食物栄養学専攻とこども学専攻では学生は、ある科目の満足度の平均値に差があるか」

表13-8 「社会学」満足度(架空)

| 食物栄養学 | こども学 |
|---|---|
| 10 | 10 |
| 10 | 9 |
| 10 | 9 |
| 9 | 8 |
| 9 | 7 |
| 9 | 7 |
| 8 | 6 |
| 8 | 6 |
| 8 | ― |
| 7 | ― |

表13-9 「社会学」満足度の平均点他

| 番号 | 食物栄養学 | こども学 |
|---|---|---|
| 1 | 10 | 10 |
| 2 | 10 | 9 |
| 3 | 10 | 9 |
| 4 | 9 | 8 |
| 5 | 9 | 7 |
| 6 | 9 | 7 |
| 7 | 8 | 6 |
| 8 | 8 | 6 |
| 9 | 8 | ― |
| 10 | 7 | ― |
| 平均点 | | |
| 標準偏差 | | |
| 分散 | | |

など、質的変数2群の量的変数の平均値に差があるかという問題に置き換えられます。

ここで、2群の平均値の差は「t検定」と呼ばれる統計的検定を用います。これは、平均の有意性検定で用いられるtをスチューデントのt統計量と言います。

先ほど学んだ$X^2$検定は、質的データである二変数が関連するかどうかを検定するものですが、このt検定は、平均値に差があるかどうかの検定です。

棄却に達する（差が有意となる）ための範囲は数表（t分布表）から読まれ、これ以上のはなはだしい値はあまり考えられないという境界で決められます。そのとき、有意水準という確率が目安とされますが、$X^2$検定同様、通常5％程度が採用されることが多いです。

「食物栄養学専攻とこども学専攻の学生との間には『社会学』の授業の満足度の平均値に差があるか」という課題でt検定の流れを見ていきましょう。

【お題39】表13-9を埋めましょう（平均点、標準偏差を出す）。

まず、食物栄養専攻の母集団Eとこども学専攻の母集団Kそれぞれから、標本が無作為抽出されると考えます（たとえば小規模校だったら全数調査をしてもいいのですが、ここではサンプリング調査ということで進めます）。そしてここで、それぞれ

観測された数値が母集団とどう対応するかを検定しましょう。

【解答39】表 13-10 です。

調査票として、満足度を 0～10 点（10点満点）で記してもらい、その平均点、標準偏差等を出します。すると、食物栄養学専攻 10 名の平均 8.8 点、標準偏差 0.98、分散 1.07、こども学専攻 8 名の平均 7.8 点、標準偏差 1.39、分散 2.21 と出たとします。平均点では 1.0 点の差となりましたが、果たしてこれは有意な差と言えるのでしょうか。

表 13-10 「社会学」満足度の平均値他

| 番号 | 食物栄養学 | こども学 |
|---|---|---|
| 1 | 10 | 10 |
| 2 | 10 | 9 |
| 3 | 10 | 9 |
| 4 | 9 | 8 |
| 5 | 9 | 7 |
| 6 | 9 | 7 |
| 7 | 8 | 6 |
| 8 | 8 | 6 |
| 9 | 8 | － |
| 10 | 7 | － |
| 平均点 | 8.8 | 7.8 |
| 標準偏差 | 0.98 | 1.39 |
| 分散 | 1.07 | 2.21 |

求める値を t、2 つの平均値を $X_1$、$X_2$、2 つの標準偏差を $S_1$、$S_2$、2 つの個数を $n_1$、$n_2$ とすると、

$$t = \frac{|X_1 - X_2|}{\sqrt{\frac{n_1 \times S_1^2 + n_2 \times S_2^2}{n_1 + n_2 - 2} \times \left(\frac{1}{n_1} + \frac{1}{n_2}\right)}}$$

となります。

これ先の数値を当てはめると

$$t = \frac{|8.8 - 7.8|}{\sqrt{\frac{10 \times 0.98^2 + 8 \times 1.39^2}{10 + 8 - 2} \times \left(\frac{1}{10} + \frac{1}{8}\right)}} = \frac{1}{\sqrt{0.3524175}} \fallingdotseq 1.684$$

自由度は 10 + 8 − 2 = 16 なので、t 分布表を見ればいいのですが、本書では掲載していません。自由度 16 の場合だけ示すと次の通りです。

自由度 16：2.120（確率 0.05）、2.9219（確率 0.01）したがって、1.684 ＜ 2.120 となりますからで、<u>有意差はない</u>ということになります。

母集団における平均値、そして分散の大きさが全くわからないとき、そこから抽出した標本がどの母集団の性質を反映しているかを知る方法はないか、こうした疑問に答えてくれるのがt分布です。

　統計学では基本的に「母集団から無作為抽出することによって得られた標本についての特性を調べ、これによって母集団の特性を推測する」という方法を用いています。

> 【本章のポイント】
> (1) 統計的検定を学びました。その際、「帰無仮説」が誤っていることを証明することを目標に、「対立仮説」を示すために「$X^2$値」や「t値」を定めて公式に当てはめて計算していきます。
> (2) $X^2$検定とt検定を学びました。二変数の関係があるかどうかを$X^2$検定で、2群の平均値の差を調べるときにt検定を用います。

【注】
(1) ［宮川2007］は、自らの体験をもとに2種類の誤りについてわかりやすく説明しています。

# 【おまけのお話】 様々な分析

　当然ながら、数値を目の前にして、どう分析したらいいのかという悩みをお持ちの社会人の方もいると思います。一般的な統計学の本でよく見かける分析方法について、以下、簡単にまとめてみました（詳しくは、次のステップということで他書にあたってください）。

　もちろん、分析の目的とデータの特徴（尺度の水準）によって適切な分析方法があります。例えば、すでに学びましたが、名義尺度と名義尺度の2つで関連性を見たい場合は、2×2クロス集計表を作成し、カイ二乗検定を行うといいでしょうし、名義尺度と間隔・比尺度の2つで、データに差があるかどうかを調べたいときはt検定をすることになります（実はもう少し細かく分かれるのですがここでは省略します）。

　同じように、順序尺度と順序尺度でデータに関連性があるかどうかを調べるには、スピアマンの順位相関係数と検定を行うこと、名義・順序尺度と順序尺度でデータに差があるかどうかは、マン・ホイットニーのU検定が用いられることでしょう。量的変数（間隔・比尺度）2つで関連性を調べるには、ピアソンの相関係数と検定がいいでしょう。

　さて、それ以外にも以下の分析はよく目にしますよね。
　**分散分析**：3つ以上の平均値の差を検定する方法。
　**回帰分析**：相関のある量的変数（間隔・比尺度）を用い、従属変数の予測を行う方法。2つの変数を散布図で示し、その上に直線（回帰直線）を設定します。直線を数式（回帰式、$y = Ax + B$ など）で表現する（数式で二変数の関係を示す）ことが目標です。従属変数を2つ以上の独立変数で予測するのが重回帰分析です。
　**因子分析**：量的変数を分析する方法。データとして直接観察されたものではなく、データの特徴を説明するために措いた変数（潜在変数＝因子）を用いて、多変数間の相関関係をまとめます。心理学でよく見られます。

　その他、独立変数で名義・順序尺度も用いることができる分散共分散分析、重回帰分析を応用し、量的変数・質的変数の要因を数値に置換することが数量化Ⅰなど、それこそ多様な手法があります。いつかそれらを使うのが楽しみですね（？）。

# CHAPTER 14 分析結果のまとめ方、報告の仕方

> **key words** 分析、報告、レポート、Excel、SPSS

　いよいよ最終コーナーをまわって、最後の直線を走っている感じになってきました。完走までもう一息です。
　さて、前章までも少々用いてきましたが、本章では、分析結果のまとめ方について、Microsoft 社の Excel 2010（他のバージョンでも基本は同じです）を用いながら、説明したいと思います[1]。

## 1　少しだけ計算

　11～13章と計算も多く、数式も少ないとはいえいくつか用いて説明しましたから、たいへん疲れたと思います。本章では表計算ソフト（パソコン）を使っていきますのでご安心を。
　……でも、ゴメンナサイ、重要なのでもう一度だけ、計算してください。

【お題40】表 14-1（身長（cm）・体重（kg）・握力（kg）・遠投（m）を表した5名の記録）を見て、①すべてのアベレージ、②すべての分散・標準偏差、③Bの身長の偏差値、⑤Eの握力の偏差値を求めましょう。

表 14-1　個人検査の結果（架空）

|   | 身長 (cm) | 体重 (kg) | 握力 (kg) | 遠投 (m) |
|---|---|---|---|---|
| A | 146 | 34 | 28 | 22 |
| B | 160 | 48 | 35 | 38 |
| C | 162 | 53 | 42 | 26 |
| D | 155 | 50 | 38 | 31 |
| E | 152 | 45 | 22 | 23 |

　……お疲れ様でした。
　「求め方」は次の通りです（①はさすがに省略）。

②分散：身長＝$(-9)^2+5^2+7^2+0^2+(-3)^2=164$　$164÷5=32.8$
　　　　体重＝$(-12)^2+2^2+7^2+4^2+1^2=214$　$214÷5=42.8$
　　　　握力＝$(-5)^2+2^2+9^2+(-5)^2+(-11)^2=256$　$256÷5=51.2$
　　　　遠投＝$(-6)^2+10^2+(-2)^2+3^2+(-5)^2=174$　$174÷5=34.8$
　　標準偏差：身長＝$\sqrt{32.8}=5.7271……=5.73$
　　　　　　　体重＝$\sqrt{42.8}=6.5421……=6.54$
　　　　　　　握力＝$\sqrt{51.2}=7.1554……=7.16$
　　　　　　　遠投＝$\sqrt{34.8}=5.8991……=5.90$
③Bの身長の偏差値　B＝160　平均155　標準偏差5.73
　$160-155=5$　$5÷5.73=0.873$　$T=10×0.87+50=58.7$
④Eの握力の偏差値　E＝22　平均33　標準偏差7.16
　$22-33=-11$　$(-11)÷7.16=-1.536$
　$T=10×(-1.536)+50=34.6$

【解答40】
①アベレージ：身長155cm、体重46kg、握力33kg、遠投28m
②分散：身長32.8、体重42.8、握力51.2、遠投34.8
　標準偏差：身長5.73、体重6.54、握力7.16、遠投5.90
③Bの身長の偏差値　58.7
④Eの握力の偏差値　34.6

さあ、これで手計算は卒業です。パチパチ……。


## 2　表計算ソフト（Excel 2010 他）の利用

今まであえて手計算（電卓）をしてきましたが、これらの計算は、ご存じの

とおり、Excel などの表計算ソフトを利用すればあっという間にできてしまいます。もちろん、そのソフトの使い方も多数の概説書が出ており、本章はそれら良書と比べ、目的が異なるため、割いている分量も内容も及びません。社会調査の分析ということで、前章までの流れを受け、Excel 2010（Excel 2007 など）を使って、①集計、②基本統計量（合計・平均他）、③相関係数、④クロス集計表、⑤グラフ作成について、使い方の例を示したいと思います。

## ①集　　　計

お題を解きながら考えていきましょう。

【お題 41】受講者の成績（表 14-2）を Excel で入力し、「合計点」「平均点」「最高点」「最低点」「標準偏差」をそれぞれの教科ごとに求めましょう。

表 14-2　受講者 10 名の 3 科目の得点（架空）

|  | 1 | 2 | 3 | 4 | 5 | 6 | 7 | 8 | 9 | 10 |
|---|---|---|---|---|---|---|---|---|---|---|
| 生活統計（点） | 95 | 85 | 65 | 95 | 60 | 85 | 80 | 90 | 75 | 60 |
| 社会学（点） | 70 | 60 | 60 | 60 | 75 | 55 | 40 | 35 | 30 | 65 |
| 教職概論（点） | 96 | 100 | 76 | 90 | 82 | 100 | 68 | 92 | 58 | 88 |

「生活統計」「社会学」「教職概論」（私が 2012 年度に担当した科目。もちろん数字は架空のものですし、受講者数も 10 名などということはありません）です。それでは Excel 2010（もしくは Excel 2007 など他のバージョン）に入力してください。……出席番号・各科目名を入力し、それぞれの点数を入力していけばいいのです。

数値入力の後、すぐにすべきことはミスを検出することです。入力した Excel データと、手許の紙などに記載されている数値を確認します。

また、ミスの確認は Excel でもできます（挿入＞ピボットテーブル＞新規ワークシートで出てきたシートに、調べたい項目と列のフィールドへドラッグし、全体をデータへドラッグして確認→詳細は［石村他 2009］などをご参照ください）。

## ②基本統計量

2章で苦労した平均などもExcelの関数を使えばすぐに出すことができます[2]。

合計点はSUM関数、平均点はAVERAGE関数、該当者数はCOUNT関数、最高点はMAX関数、最低点はMIN関数、そして標準偏差もSTDEV関数で求められます（これらの関数は「数式」の「関数ライブラリ」にあります）。

先の問題を入力すると、表14-3のようになります。これをExcelの画面に見立てます。

合計点、平均点などを順番に出していきましょう。

(A) 「合計点」とかかれた右側のセルを選択する。
(B) 「オートSUM」ボタンをクリックする。
(C) SUM関数でその引数が自動設定されて表示される。
(D) とくに問題なければ、確定(Enterボタンを押す)。

表14-3　3科目の得点（架空）

| 出席番号 | 生活統計（点） | 社会学（点） | 教職概論（点） |
|---|---|---|---|
| 1 | 95 | 70 | 96 |
| 2 | 85 | 60 | 100 |
| 3 | 65 | 60 | 76 |
| 4 | 95 | 60 | 90 |
| 5 | 60 | 75 | 82 |
| 6 | 85 | 55 | 100 |
| 7 | 80 | 40 | 68 |
| 8 | 90 | 35 | 92 |
| 9 | 75 | 30 | 58 |
| 10 | 60 | 65 | 88 |
| 合計点 | | | |
| 平均点 | | | |
| 該当者数 | | | |
| 最高点 | | | |
| 最低点 | | | |
| 標準偏差 | | | |

表14-4　3科目の基本統計量

| 出席番号 | 生活統計（点） | 社会学（点） | 教職概論（点） |
|---|---|---|---|
| 1 | 95 | 70 | 96 |
| 2 | 85 | 60 | 100 |
| 3 | 65 | 60 | 76 |
| 4 | 95 | 60 | 90 |
| 5 | 60 | 75 | 82 |
| 6 | 85 | 55 | 100 |
| 7 | 80 | 40 | 68 |
| 8 | 90 | 35 | 92 |
| 9 | 75 | 30 | 58 |
| 10 | 60 | 65 | 88 |
| 合計点 | 790 | 550 | 850 |
| 平均点 | 79 | 55 | 85 |
| 該当者数 | 10 | 10 | 10 |
| 最高点 | 95 | 75 | 100 |
| 最低点 | 60 | 30 | 58 |
| 標準偏差 | 13.49897115 | 15.09230856 | 13.99206124 |

表14-5　体重と身長（図1-10）

| 番号 | 体重(kg) | 身長(cm) |
|---|---|---|
| 1 | 40.2 | 150.0 |
| 2 | 59.2 | 163.3 |
| 3 | 75.6 | 175.2 |
| 4 | 62.2 | 158.8 |
| 5 | 47.9 | 160.2 |
| 6 | 50.1 | 159.1 |
| 7 | 47.6 | 147.0 |
| 8 | 66.2 | 172.0 |
| 9 | 60.3 | 172.3 |
| 10 | 47.1 | 156.6 |
| 11 | 54.9 | 159.8 |
| 12 | 58.7 | 165.5 |
| 13 | 66.7 | 174.5 |
| 14 | 52.8 | 162.1 |
| 15 | 83.6 | 180.3 |
| 16 | 38.1 | 145.9 |
| 17 | 45.6 | 154.4 |
| 18 | 69.0 | 175.6 |
| 19 | 52.2 | 157.8 |
| 20 | 54.4 | 163.5 |
| 21 | 39.8 | 152.6 |
| 22 | 64.4 | 171.1 |
| 23 | 73.4 | 173.6 |
| 24 | 61.9 | 167.8 |
| 25 | 48.5 | 156.0 |
| 26 | 47.1 | 152.2 |
| 27 | 54.7 | 165.3 |
| 28 | 56.1 | 165.2 |
| 29 | 63.5 | 172.2 |
| 30 | 77.1 | 174.9 |
| 31 | 44.9 | 160.8 |
| 32 | 78.6 | 180.1 |
| 33 | 56.5 | 166.8 |
| 34 | 48.8 | 155.5 |
| 35 | 76.3 | 169.9 |
| 36 | 68.9 | 168.2 |
| 37 | 48.7 | 157.6 |
| 38 | 63.8 | 170.3 |
| 39 | 52.7 | 162.0 |

（関数挿入ボタンをクリックして、SUM関数を選択し、引数の範囲を決め、OKボタンをクリックしても求められます。今の説明がまったくわからない人は、Excel自体の理解のために、巻末で紹介した良書をご覧ください）。

これで「生活統計」の合計点が求められました。同様に、「社会学」「教職概論」でもA～Dまでを行ってください（もっと簡単なのは、セルの右下に矢印を持っていくと黒十字になるので、それを右側へドラッグすれば、各セルが同じ関数処理を行えます）。

表14-4（前ページ）はこれらの作業が終わり完成したものです。皆さん、できましたか？

【解答41】表14-4参照。

### ③相関係数

続いて、相関関係を確認するために、2つのデータの相関関数を出しましょう。

Excelで相関係数を求める方法は2つあります。CORREL関数を用いる方法と「分析ツール」を用いる方法です。ここでは、図1-10（体重と身長）を前者で、図10-1（夏休み中のビールの売り上げ）を後者で例示します。

(A) 体重と身長（図1-10）の元データを表14-5に示しました。

空いているセル（例えばE2）に「相関係数」と入力、

F2をクリック
　＞数式＞関数の挿入＞統計＞CORREL＞
　＞配列1にB2：B40、配列2にC2：C240
　＞0.913571　　正の相関

（B）夏休み中のビールの売り上げ（図10-1）のデータは表10-1を参照（129ページ）。
データ→データ分析（画面右上にない場合、オフィス＞エクセルオプション＞アドイン＞管理＞分析ツール＞OK）
＞相関＞先頭行をラベルとして使用をチェック
＞ラベルを含めた2列全体を指定
＞出力オプションで新規ワークシートをチェック
＞0.674158701　　正の相関（表14-6）

さあ、相関係数は出せるようになりましたね。

表14-6　相関係数（分析ツール）

|  | 最高気温(度) | 売り上げ(杯) |
| --- | --- | --- |
| 最高気温（度） | 1 |  |
| 売り上げ（杯） | 0.674158701 | 1 |

## ④クロス集計表の作成（ピポットテーブルを用いる）

Excelを使った作業の最後に、クロス集計表を作成してみましょう。
　架空データで恐縮ですが、「健康と旅行」という調査をしたことにします。その質問項目のなかから、3問「年代、健康不安、昨年の旅行回数」を入力してみました。表14-7はその結果を示したものです。
　問1　年代　（1：39歳以下、2：40〜59歳、3：60歳以上）
　問2　健康不安　（1：ない、2：ある）
　問3　昨年の宿泊旅行回数　（1：0回、2：1〜2回、3：3〜4回、4：5回以上）
　上記のコーディング（6章参照）により入力が完了しました。

これを「ピポットテーブル」を使って、クロス集計を作成してみましょう。入力画面（ワークシート）を確認し、挿入＞ピポットテーブル＞

「ピポットテーブルの作成」画面が出てきますので、範囲指定（入力データ全体）をし、新規ワークシートでの配置をチェックします。すると下記のような画面が表示されます（図14-1）。

例えば、年代を列のフィールドへ、健康不安を行のフィールドへドラッグし、ID を値フィールドへドラッグし、フィールドリストにチェックを入れるとすると、図14-2のように出力されます。

出力させること自体は簡単なので、自分なりにあたりをつけつつ試してみればいいでしょう。

そして、表14-8のように、若干加工させると、クロス集計表ができあがります。いずれにしても、作業手順さえ分かれば、クロス集計表が簡単にできることは示せたと思います。

表14-7 健康と旅行（架空）

| ID | 問1<br>年代 | 問2<br>健康<br>不安 | 問3<br>昨年の<br>宿泊旅<br>行回数 |
|---|---|---|---|
| A1 | 1 | 1 | 4 |
| A2 | 1 | 1 | 3 |
| A3 | 1 | 1 | 4 |
| A4 | 1 | 1 | 2 |
| B1 | 2 | 1 | 1 |
| B2 | 2 | 1 | 4 |
| B3 | 2 | 1 | 3 |
| B4 | 2 | 1 | 2 |
| B5 | 2 | 2 | 1 |
| B6 | 2 | 2 | 2 |
| B7 | 2 | 2 | 3 |
| B8 | 2 | 2 | 2 |
| C1 | 3 | 1 | 3 |
| C2 | 3 | 1 | 1 |
| C3 | 3 | 1 | 2 |
| C4 | 3 | 2 | 1 |
| C5 | 3 | 2 | 2 |
| C6 | 3 | 2 | 1 |
| C7 | 3 | 2 | 1 |
| C8 | 3 | 2 | 2 |

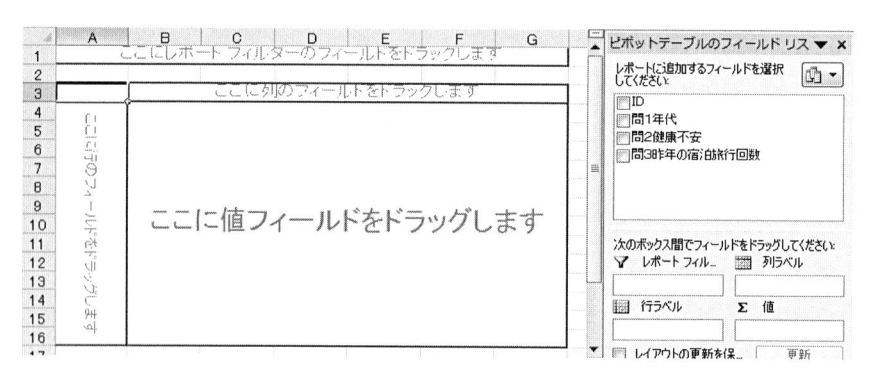

図14-1　新規ワークシート

|   | A | B | C | D | E | F |
|---|---|---|---|---|---|---|
| 1 |   |   |   |   |   |   |
| 2 |   |   |   |   |   |   |
| 3 | データの個数／ID | 問1年代 ▼ |   |   |   |   |
| 4 | 問2健康不安 ▼ | 1 | 2 | 3 | 総計 |   |
| 5 | 1 | 4 | 4 | 3 | 11 |   |
| 6 | 2 |   | 4 | 5 | 9 |   |
| 7 | 総計 | 4 | 8 | 8 | 20 |   |
| 8 |   |   |   |   |   |   |

図14-2　出力結果

表14-8　クロス集計表

| 健康不安 | 年代 | | | 総計（人） |
|---|---|---|---|---|
|  | 39歳以下 | 40～59歳 | 60歳以上 |  |
| なし | 4 | 4 | 3 | 11 |
| あり | 0 | 4 | 5 | 9 |
| 総計 | 4 | 8 | 8 | 20 |

### ⑤グラフの作成

視覚的効果を考えると、1章で学んだようにグラフというのは重要です。復習をかねて次のお題は、即答してもらいたいですね。

【お題42】次の尺度の場合、どのようなグラフで示せばいいでしょう。
　(A)　調査対象者が1年間に墓参りに行く回数
　(B)　ある映画を鑑賞しての評価
　(C)　放課後児童クラブで平日に行われる遊びの種類

【解答42】（解答例は省略）
　(A)　比尺度（量的データ）なので、棒グラフがわかりやすいでしょう。全体の割合を知りたいならば円グラフもいいでしょう。
　(B)　順序尺度（質的データ）なので、性別、年代別に帯グラフで比較するといいでしょう。

（C）名義尺度（質的データ）なので、遊びの種類の実数で比較したい場合は棒グラフがいいでしょう。

さて、これらのグラフも、Excel でデータを整えられれば、「挿入＞グラフ」から簡単に作成できます。クロス集計表の後にも使えます。ぜひ、自分でトライしてみてください。試行錯誤して学ぶと、きっと身につきますから。

### ⑥ SPSS などの利用

今まで述べてきたのは、表計算ソフト Excel を利用した表とグラフの作成でした。さらに様々な分析を簡単にできる統計ソフトもあります。SPSS や SAS がその代表格です。

度数分布表やクロス集計表を作成することもできるし、相関分析・重回帰分析・因子分析などが、（入力さえできていれば）まさに、クリックだけでできてしまうのですから、分析も簡単になったものです（と言いながら、私もずいぶん助けていただいています）。

Excel と同様に、その入門書も膨大な数が出ていますから、詳しくはそちらを参照してください[3]。例えば SPSS で回帰分析をするときは、メニューから「分析」→「回帰」→「線型」を選択し、独立変数・従属変数の欄にそれぞれの変数をクリックするだけで求められます。

いずれにしても、本書の範囲を超えていますので、ここでの説明はここまでにします。

## 3　報告書にまとめる

読者の皆さんは、ご自分が調査した結果をどのようにまとめますか。私たちが調査したときは、報告書かレポート、論文などの形で報告・発表します。

以下、報告書をイメージして述べましょう。その内容は、「調査方法の説明」「回答者の構成」「報告」の大きく三部構成となる場合が多いです。「調査方法

を説明」し、その調査の目的、調査対象者の選定方法、調査方法、回答数・回収率、調査票の処理、その結果としての有効回答数・有効回答率などを述べます。「回答者の構成」では、単純集計結果を簡潔に示したものです。主な属性（性別・年齢・学歴など）による各質問項目の結果を示します。「報告」では、単純集計をもとにしながらも、クロス集計を適切にまじえてポイントとなる部分を丁寧に記述するようにします。

そして報告書や論文などの形で調査の結果が結実します。

……どうもおめでとうございます。これで皆さんの本書での学習は終わりました。「えっ、ようやく終わったか」って誰かのため息が……。冗談はさておき、もちろん、報告書を書けばそれで終わりではありません。

調査でわかったこととさらに新たに疑問に思ったことなどを、次の調査へ活かしていくことができるからです。「思い」さえあれば、調査に限りはないのです。

社会調査とは、その調査が終わった瞬間に、新たな問題が設定され、次の調査のことを考えるような流れもあります。皆さんはもう、一度調査をしてみましたか？　まだという方は、ぜひ実践してみてください。

【本章のポイント】
(1) 手計算もやってみて、統計的考え方を理解しておきましょう。
(2) 表計算ソフトのExcelは、使いこなせれば社会調査全体において、たいへん便利なソフトですのでぜひ使いこなせるようがんばりましょう。さらに、統計分析においては、もちろん、その代表格的ソフトのSPSSもできるととてもいいですよ。
(3) 報告書もわかりやすく書きましょう。調査が終わったら終わりではなく、そこで得られた知見をもとに、次の調査へ向かいましょう。

【注】
(1) Excel を用いた参考書、入門書は枚挙に暇がありません。［菅 2003］［上田 2007］などをとくにお薦めしておきます。
(2) 10 章で学んだ標準偏差や偏差値も分散も Excel で簡単に求められます。本書では、ある程度の原理を説明するため、手計算（電卓計算）しました。本書で用いなかったもの以外でよく用いられる関数に、INT（整数にする）、ROUND（指定の桁で四捨五入）、ROUNDUP（指定の桁で切り上げ）、ROUNDDOWN（指定の桁で切り下げ）、RANK（範囲内で数値の大きさが何位か）などがあります。ぜひ、使いこなしてください。
(3) SPSS の参考書、入門書も実際に手にとって見て頂いた方がいいかもしれません。現在の私のお薦めは、2012 年に刊行された［須藤他 2012］です。その他、［劉他 2005］［石村他 2012］などもよいでしょう。

## 【おまけのお噺】 千両みかん

　他店を探しても見つけられなかった貴重な果物。時期外れですが、安請け合いしてしまっていた頼まれものです。ようやく探し当てたお店で、ご主人に事情を話すと、「タダでいいよ」と言ってくれました。あなたはそれにどう応じますか？
　(A)「ありがとうございます」とタダで頂戴する
　(B)「それでは申し訳ないです」と、手持ちのお金をすべて出す
　(C)「お店なのですから買います」と言って、正しい値段で買い取る

　このお題は有名な話「千両みかん」を、少々アレンジしたものです。
　実際の「千両みかん」は、呉服問屋の番頭さんが、若旦那の夏にミカンを食べたいという願いに右往左往。今と違う江戸時代、夏にミカンを食べるのはまず無理（三重県御浜町では一年中食べられます！）。方々探して、ようやく、ある問屋さんで見つけます。思いが募って、物がのどを通らない状態でしたから、もうあとわずかの命などと言われていた若旦那。それを聞いた問屋さんは「タダでいい」と言います。ところが、呉服問屋の番頭は名高いお店の気位で、「お支払いします」と言ったからたいへん。「それなら、そのミカンのために腐ったものなど全部を乗せて千両」と言われてしまいます。無茶なことに頭を抱える番頭。
　ところが、大金持ちの旦那は、いとも簡単に千両を出すと言い、結果、一個千両のミカンが若旦那の許へ。「美味しい」「美味しい」と食べた若旦那は、最後の三房を、両親と番頭にと残します。翌年、のれん分け予定の番頭は、きっと五十両しかもらえない。いま手に持っているミカンは三房でなんと三百両の価値……。そのまま番頭、逃げましたとさ。

　この元ストーリーを考えると、正解はAってことになるのでしょうね。でも、すべての結果がそうなるわけでもなし、B・Cもありかも。
　お金がらみの失敗談は、落語によくあります。後はぜひ、寄席や独演会などで、噺家さんから直接、噺を聞いて、本書を思い出してください。

# 次の調査のために

――調査研究の循環――

　さて皆さん、第Ⅰ部を通じて考えてきた「統計リテラシー」は身につきましたか？　第Ⅱ部で考えてきた「社会調査」の実際の方法は理解できましたか？
　そして第Ⅲ部で見てきた「データ分析」を自分でやってみたいと思ってもらえたでしょうか？　いよいよ本書もサゲ。「数字にだまされない」という本書の目標は、ある程度達成できたでしょうか。
　本書で身につけた（あるいはその存在を理解した）「社会調査リテラシー」、今後は、日常の生活で、皆さん自身で身につける努力を続けてください。さらに、自信を持った方は、何度も述べているように、巻末のさまざまな社会調査の良書に向かっていってください。
　哲学者の内山節さんが、少し前に、「現代世界は、すべてのものが数値によってその価値を決定されているようにみえる」と指摘し、「現在の日本では、数値にあらわすことのできない豊かさを大事にしようというような言葉が飛び交っている」と述べています。その後、東日本大震災を経て、より多く、同じようなことが語られているように思います。本書では数値を追いかけてきましたが、「だまされない」だけではなく、ときには、数値から離れて考えることも重要だと思います（「数値で管理される世界」中日新聞、2008年7月27日）。
　さて、本書は、社会調査・統計学の初心者向けに書きました。
　私のような無名の研究者の企画に対して、前向きに協力してくださった編集者の方を紹介します。北樹出版の福田千晶さんです。
　本は書き手と読み手だけのものではありません。それをつなぐブリッジの役目を果たすのが編集者や出版社ということになります（加えて本屋さんもその位置づけになりますね）。
　実は、本書のもととなる大部分は、2007年から2008年春にかけて書き終えていました。当初、2008年秋の刊行を予定していました。ところが、校正作

業中、一部を全面的に書き直したくなり、熟慮の末、その年度のテキストとすることを断念しました。福田さんはそれを認めてくださり、「よりよい本を作りましょう」と言って励ましてくださいました。

その後、(能力ある研究者・大学人なら簡単に乗り越えられたのでしょうが) 自分としては、とくに学務関係でとても多くの困難が、私の前に次々に現れ、それへの対応のなか、結果的に、遅筆が続きました。その間、社会調査テキスト([玉野 2008][澤口 2008][渡辺 2011])、統計学の基礎の本([津島他 2010][浅川 2011][神村 2011]、ソフトの概説書 [近藤 2007][上田 2009])は続々と刊行されました。

冒頭に述べたように、本書はそれらとは目的が若干異なります。数字を落語から読むアイディアや、紀要論文執筆 [川又 2010]、毎年の「生活統計」授業担当、さらに、いくつもの外部講座担当(2007年～)や、教員免許状更新講習講座担当(2009年～)などを重ねるうちに、もとの原稿をベースに、新たなデータを入れたり、いくつかの章を大幅改編して、自学自習できる基礎の本として、本書をようやく書き上げたのです。

以上のような状況のなかで、私に、絶えず励ましの言葉をかけ続け、構成などでご助言くださった福田さんのご助力なしには、本書は完成できませんでした。ここに感謝の意を記すととともに、読者の皆さんにもそのような事情をご紹介しておきます。

全力を尽くして語り(書き)続けてきたつもりですが、本書は皆さんにとって多少なりともお役に立てたのならば幸いです。私自身、今後も社会調査を続けていきます。ぜひ皆さんといつかどこかでご一緒できたら嬉しいですね。

それではまた……川又でした。(^^)/

【本章のポイント】
(1)「社会調査リテラシー」は身についたでしょうか。本書以外でも、常にアンテナを張って生きていきましょう。
(2) 本書は編集者のお力なしには完成しませんでした。執筆者・読者の間にいる編集者・出版社・書店などの力はたいへん重要です。改めて感謝!

## 【参照文献】（テーマ別）

　以下は本書で引用した本などを示しています。「関連読み物（新書等）」「社会調査」「ソフトの活用」「統計学」「資料」と4つに分けました。それぞれ、筆者のアルファベット順に、基本的には、手に取りやすい、2000年以降の出版のものを挙げています。本書の後、ぜひ、皆さんご自身で、次の段階に進み、社会調査を続けましょう。

### 1. 関連読み物（新書等）

赤川学『子どもが減って何が悪いか！』ちくま新書、2004年
青木繁伸『統計数学を読み解くセンス──当確はなぜすぐにわかるのか？』化学同人、2009年
ジョエル・ベスト著、林大訳『統計はこうしてウソをつく──だまされないための統計学入門』白揚社、2002年
ジョエル・ベスト著、林大訳『統計という名のウソ──数字の正体、データのたくらみ』白揚社、2007年
ジョエル・ベスト著、林大訳『あやしい統計フィールドガイド──ニュースのウソの見抜き方』白揚社、2011年
M・ブラストランド、A・ディルノット著、野津智子訳『統計数学にだまされるな──いまを生き抜くための数学』化学同人、2010年
藤平芳紀『視聴率の正しい使い方』朝日新書、2007年
カイザー・ファング著、矢羽野薫訳『ヤバい統計学』阪急コミュニケーションズ、2011年
ダレル・ハフ『統計でウソをつく法──数式を使わない統計学入門』講談社ブルーバックス、1968年
飯田泰之『考える技術としての統計学──生活・ビジネス・投資に生かす』NHKブックス、2007年
石井秀宗『統計分析のここが知りたい』文光堂、2005年
門倉貴史『統計数字を疑う──なぜ実感とズレるのか？』光文社新書、2006年
加藤良平『ウソつきは数字を使う──情報の"裏のウラ"を読む力がつく本』青春新書、2007年
神永正博『ウソを見破る統計学──退屈させない統計入門』講談社ブルーバックス、2011年
掛谷英紀『学者のウソ』ソフトバンク新書、2007年

京極一樹『統計確率のほんとうの使い道』じっぴコンパクト新書、2012 年
松永和紀『メディア・バイアス——あやしい健康情報とニセ科学』光文社新書、2007 年
宮内泰介『自分で調べる技術——市民のための調査入門』岩波アクティブ新書、2004 年
小田桐誠『テレビのからくり』文春新書、2004 年
小笠原喜康『議論のウソ』講談社現代新書、2005 年
パオロ・マッツァリーノ『反社会学講座』ちくま文庫、2007 年（単行本 2004 年）
パオロ・マッツァリーノ『つっこみ力』ちくま新書、2007 年
松本正生『「世論調査」のゆくえ』中央公論新社、2003 年
宮川公男『統計学でリスクと向き合う［新版］』東洋経済新報社、2007 年
中原英臣「日本人の『正常値』とは何だろう」産経新聞、2007 年 9 月 6 日
岡田正彦『がん検診の大罪』新潮選書、2008 年
大櫛陽一『メタボの罠——「病人」にされる健康な人々』角川 SSC 新書、2007 年
田栗正章・藤越康祝・柳井晴夫・CR ラオ『やさしい統計入門——視聴率調査から多変量解析まで』講談社ブルーバックス、2007 年
田村秀『データの罠——世論はこうしてつくられる』集英社新書、2006 年
谷岡一郎『「社会調査」のウソ——リサーチ・リテラシーのすすめ』文春新書、2000 年
谷岡一郎『データはウソをつく——科学的な社会調査の方法』ちくまプリマー新書、2007 年
内田治『グラフ活用の技術——データの分析からプレゼンテーションまで』PHP、2005 年
山本義郎『レポート・プレゼンに強くなるグラフの表現術』講談社ブルーバックス、2005 年
芳沢光雄『数学的思考法——説明力を鍛えるヒント』講談社現代新書、2005 年
芳沢光雄『算数・数学が得意になる本』講談社現代新書、2006 年
上田尚一『統計グラフのウラ・オモテ——初歩から学ぶ、グラフの「読み書き」』講談社ブルーバックス、2006 年

## 2. 社 会 調 査

浅川達人『ひとりで学べる社会統計学』ミネルヴァ書房、2011 年
新睦人・盛山和夫『社会調査ゼミナール』有斐閣、2008 年
原純輔・海野道郎『社会調査演習［第 2 版］』東京大学出版会、2004 年
原田勝弘・水谷史男・和気康太編『社会調査論——フィールドワークの方法』学文社、2001 年
平松貞実『世論調査で社会が読めるか——事例による社会調査入門』新曜社、1998

年
石川淳志・佐藤健二・山田一成編『見えないものを見る力──社会調査という認識』八千代出版、1998年
岩井紀子『日本人の姿 JGSS にみる意識と行動』有斐閣選書、2002年
岩井紀子・保田時男『調査データ分析の基礎──JGSS データとオンライン集計の活用』有斐閣、2007年
金子勇『社会調査から見た少子高齢社会』ミネルヴァ書房、2006年
川端亮編著『データアーカイブ SRDQ で学ぶ社会調査の計量分析』ミネルヴァ書房、2010年
川又俊則『ライフヒストリー研究の基礎──個人の「語り」にみる現代日本のキリスト教』創風社、2002年
川又俊則「短期大学における教養教育の実践──社会学の試み」佐治晴夫監修『鈴鹿短大からの発信』大学教育出版、2007年
川又俊則「母校が遠い卒業生──鈴鹿短大卒業生調査の単純集計から」『鈴鹿短期大学紀要』29巻、2009年
川又俊則「教養教育としての『生活統計』」『鈴鹿短期大学紀要』30巻、2010年
川又俊則「人口減少時代のなかの子育て──揺れ動く制度のなかで」小堀哲郎編『社会のなかの子どもと保育者』創成社、2011年
小林多寿子編『ライフストーリー・ガイドブック』嵯峨野書院、2010年
小杉考司『社会調査士のための多変量解析法』北大路書房、2007年
松田素二・川田牧人『エスノグラフィー・ガイドブック──現代世界を複眼でみる』嵯峨野書院、2002年
西野理子『社会をはかるためのツール──社会調査入門』学文社、2008年
岡田直之・佐藤卓己・西平重喜・宮武美知子『輿論研究と世論調査』新曜社、2007年
ティム・メイ著、中野正大訳『社会調査の考え方──論点と方法』世界思想社、2005年
森岡清志編『ガイドブック社会調査［第2版］』日本評論社、2007年（初版1998年）
大谷信介・木下栄二・後藤範章・小松洋・永野武『社会調査へのアプローチ第2版』ミネルヴァ書房、2005年（初版1999年）
玉野和志『実践社会調査入門──今すぐ調査を始めたい人へ』世界思想社、2008年
谷岡一郎『日本人の意識と行動─日本版総合的社会調査 JGSS による分析』東京大学出版会、2008年
佐藤博樹・石田博・池田謙一編『社会調査の公開データ──2次分析への招待』東京大学出版会、2000年
佐藤健二・山田一成編『社会調査論』八千代出版、2009年
澤口恵一『分布をみる・よむ・かく──社会統計入門』学文社、2008年

嶋崎尚子『社会をとらえるためのルール——社会調査入門』学文社、2008 年
島崎哲彦編著『社会調査の実際——統計調査の方法とデータの分析　第 5 版』学文社、2007 年（初版 2000 年）
『社会と調査』1〜7 号、2008 年〜2011 年（以下続刊）
武田尚子『質的調査データの 2 次分析——イギリスの格差拡大プロセスの分析視角』ハーベスト社、2009 年
渡辺久哲『スペシャリストの調査・分析する技術』創元社、2011 年
米盛裕二『アブダクション——仮説と発見の論理』勁草書房 2007 年

## 3. ソフトの活用
林直樹他『パソコン & データ活用法』東山書房、2007 年
石村貞夫・加藤千恵子他『やさしく学ぶ統計学 Excel によるアンケート処理』東京図書、2009 年
石村貞夫・劉晨・石村友二郎『SPSS でやさしく学ぶアンケート処理　第 3 版』東京図書、2011 年
近藤宏他『Excel でかんたん統計分析』オーム社、2007 年
岸学・吉田裕明『ツールとしての統計分析』オーム社、2010 年
菅民郎『Excel で学ぶ統計解析入門［第 2 版］』オーム社、2003 年
劉晨・盧志和・石村貞夫『社会調査・経済分析のための SPSS による統計処理』東京書籍、2005 年
酒井麻衣子『「SPSS 完全活用」法——データの視覚化とレポートの作成』東京書籍、2004 年
須藤康介・古市憲寿・本田由紀『文系でもわかる統計分析』朝日新聞出版、2012 年
上田太一郎監修『Excel でかんたん統計分析——［分析ツール］を使いこなそう！』オーム社、2007 年
上田拓治『44 の例題で学ぶ統計的検定と推定の解き方』オーム社、2009 年

## 4. 統　計　学
天野徹『社会統計学へのアプローチ——思想と方法』ミネルヴァ書房、2006 年
天野徹『部分を調べて全体を知る——社会統計入門』学文社、2008 年
浅井隆『いまさら誰にも聞けない医学統計の基礎のキソ』1〜3、アトムス、2010〜2012 年
廣瀬毅士・寺島拓幸編『社会調査のための統計データ分析』オーム社、2010 年
広田すみれ『読む統計学　使う統計学』慶應義塾大学出版会、2005 年
石井俊全『意味がわかる統計学』ベレ出版、2012 年
石村光資郎『身近な事例で学ぶやさしい統計学』オーム社、2012 年
縣俊彦『やさしい保健統計学改訂第 4 版』南江堂、2007 年

神林博史・三輪哲『社会調査のための統計学』技術評論社、2011 年
金子治平・上藤一郎編『よくわかる統計学Ⅰ基礎編』ミネルヴァ書房、2007 年
柏木吉基『明日からつかえるシンプル統計学――身近な事例でするする身につく最低限の知識とコツ』技術評論社、2012 年
小寺平治『ゼロから学ぶ統計解析』講談社、2002 年
小島寛之『完全独習統計学入門』ダイヤモンド社、2006 年
向後千春・冨永敦子『ファーストブック統計学がわかる』技術評論社、2007 年
佐伯胖・松原望編『実践としての統計学』東京大学出版会、2000 年
佐藤俊哉『宇宙怪人しまりす医療統計を学ぶ』岩波書店、2005 年
佐藤俊哉『宇宙怪人しまりす医療統計を学ぶ検定の巻』岩波書店、2012 年
太郎丸博『人文・社会科学のためのカテゴリカル・データ解析入門』ナカニシヤ出版、2005 年
津島昌寛・山口洋・田邊浩編『数学嫌いのための社会統計学』法律文化社、2010 年
吉田泰夫『本当にわかりやすいすごく大切なことが書いてあるごく初歩の統計の本』北大路書房、1998 年
内田学・兼子良久・斉藤嘉一『文系でもわかるビジネス統計入門』東洋経済新報社、2010 年
上藤一郎・森本栄一・常包昌宏『調査と分析のための統計――社会・経済のデータサイエンス』丸善、2006 年
坪井博之『ナースのためのデータ処理』技術評論社、2011 年
ハンス・ザイゼル著、佐藤郁哉訳『数字で語る――社会統計学入門』新曜社、2005 年

## 5. 資　　料

『学校保健統計調査報告書』2011 年
香川芳子『五訂増補食品成分表』女子栄養大学出版部、2005 年
内閣府大臣官房政府広報室編『平成 23 年版 世論調査年鑑――全国世論調査の現況』財務省印刷局、2012 年
NHK 放送文化研究所編『現代日本人の意識構造［第 7 版］』日本放送出版会、2010 年
文部科学省編『文部科学白書　平成 19 年度』日経印刷、2008 年
松岡弘編『学校保健概論』光生館、2005 年

# 索　引

## あ　行

アベレージ　27-30,35,144,173
RDD　71,72,86
アンケート　83
一次資料　82
因果関係　53,91
ウェブ法　78,86,87
エディティング　139,140,142,148
エラボレーション　154,157,158
演繹法　92,93,97
円グラフ　19,20,24,179
円・棒・帯グラフ　128
オッズ比　156,157
帯グラフ　19,20,179
折れ線グラフ　13,20,23

## か　行

$X^2$（カイ二乗）検定　129,131,137,159,162,163,168,170,171
回収率　73
回答率　31,84,85,117
仮説的発想（アブダクション）　93,97
仮説　79,90,92-94,97,122,123,163,164
偏り　31
間隔（距離）尺度　104-106,143
間隔・比尺度　171
関数　175,182
基幹統計　78
記述統計　149
基準　34,35
期待度数　166
帰納法　92,93,97
帰無仮説　160,164,165,167,170
キャリーオーバー効果　109,110,113,114,124
クリーニング　142,148
クロス集計　156,157,162
クロス集計表　86,128,129,137,143,146-148,150-152,164,165,171,174,177,178,180
欠損値　141
コーディング　140,141,148
国勢調査　39,42,68,69,78,96
誤差　40-43,45-47

## さ　行

サブ・クエスチョン　105
散布図　21,129,130,150,156,171
サンプル　160
参与観察　77
GeNii　81
視聴率　4,38-42,46,47,117
実現度数　164
質的データ　180
質問文　99,100,102,106,107,110,111,114,119-121,163
社会調査　3,4,5,7,63,65,67,68,72,74,76-78, 80,82,87,91, 94,98,101,106,117,129,137,164,167,181,184,185
社会調査士　3,68
社会調査リテラシー　7,184,185
尺度　64,103,113,114,143,148,179
自由回答　100,101, 103,141
自由回答法　100,113
集合法　78,84,87
従属変数　90-92,122,131,146,147,163,171,180
自由度　165,166,169
周辺度数　164
順序尺度　104-106,128,143,171,179
人口調査　62,72
信頼性　26,54
推測統計　40,149
正規分布　30,43,114,135,136,167
全数（悉皆）調査　42,51,52,68,117,168
選択回答法　101,103,113,120
選択肢　5,99,101,102,104,106,108,111-114,121,124,141, 142
相関関係　53,91,129,149,150,155,156,157,171,174,176

191

### た・な行

対立仮説　160,164,165,170
妥当性　26
ダブルバーレル　109,113
単一選択　100,101,103,112,113,120,124,141,142
単純集計　148,149,164
単純集計表　146,150,151
調査票　70,78, 83,87,98-100,103,105,117-119,121-123, 128,131,142,148,169,181
調査票（質問紙）調査　3-5,79,83,84,86,87,94,99,100, 103,118,120,125, 140,159,163
調査倫理　125
定義　16,50,51,58-60,77,116
t検定　129,131,137,159,167,168,170,171
電話法　78,85,87
統計的検定　159,163,164,170
統計リテラシー　4,7, 48,184
独立変数　90-92,103,122,131,146,147,163,164,171,180
度数分布　162
度数分布表　128,143,145,148,150,180
留置法　65,70
二次資料　82,87
2種類の誤り　160,161,170

### は・ま行

配票法（留意法）　78,84,87
比尺度　105,106,143,179
ヒストグラム　18,19,128,129,145,149
標準値　182
標準偏差　129,131-135,137,149,169,172-174
標本　31,38,40,42-44,67,132,137,170
標本誤差　40,45,46
標本調査　38,44,117
複数選択　101-103,113,120,121,124,141
部分調査　42,43
分散　129,131-134,137,149,169,172,173,182
偏差値　128,129,135,137,172,173,182
変数　21,53,89,91,93,97,122,129-131,147,154,158,171
変動係数　134,135
棒グラフ　12-14,18,23,24,179,180

母集団　31,38,42-45,67,70,149,160, 167,168,170
名義尺度　104-106,128,143,156,162,171
名義・順序尺度　171
メディアン　27-30,35,144,149
面接法　31,65,78,84,87,118,140
モード　27-30,35,144,149

### や・ら行

有意水準　147,160,161
郵送法　31,78,85-87,118,119,124
予備調査　117,118,124
世論調査　42,45,66,70,78,149
ライフヒストリー　74,79,87
ランダムサンプリング　43,47,65,67,72
離散変数　105,128
レーダーチャート　21
レンジ　131,149
連続変数　105,128

《著者紹介》

川又　俊則（かわまた　としのり）

1966 年生まれ。
成城大学大学院文学研究科博士課程後期単位取得退学。
専攻は社会学（宗教社会学、社会調査論、地域社会学）。
現在、鈴鹿短期大学教授
　　　主著に『ライフヒストリー研究の基礎』（創風社、2002 年）
　　　『生活コミュニケーション学とは何か』（あるむ、2011 年、共編著）
　　　『ライフヒストリーの宗教社会学』（ハーベスト社、2006 年、共編著）
　　　『教養教育の新たな学び』（大学教育出版、2009 年、共編著）など。

**数字にだまされない生活統計**

2013 年 4 月 15 日　初版第 1 刷発行

・定価はカバーに表示

著　者　川又俊則
発行者　木村哲也

印刷　新灯印刷／製本　新灯印刷

発行所　株式会社 北樹出版

URL:http://www.hokuju.jp

〒 153-0061　東京都目黒区中目黒 1-2-6
TEL：03-3715-1525（代表）　FAX：03-5720-1488

© Toshinori Kawamata 2013, Printed in Japan　　ISBN 978-4-7793-0361-6

（乱丁・落丁の場合はお取り替えします）

| 著者 | 書名 | 解説 | 仕様 |
|---|---|---|---|
| 小田原宏行 著 | 統計学入門 | 集収したデータを整理、解析して目的のために適切な判断を下すことを課題とし、すべての学問分野において不可欠な道具となっている統計学のきわめて平易な入門テキストとしてまとめ上げられた新著。 | A5並製 160頁 2500円 (885-2) [2002] |
| 小田原宏行 著 | 微分積分学 | 問いとその解への道筋を丁寧に解説することにより基礎知識を養い、さらに章末問題で理解の深化を図り応用力を培う。微分積分学の基礎知識を「道具」として使いこなせることを第一義としたテキスト。 | A5並製 190頁 2700円 (616-7) [1997] |
| 佐藤賢一 著 そして数は遙かな海へ | 東アジアの数理科学史 | 近代以前日本・中国・朝鮮・琉球諸島等、東アジアの伝統的な数学や天文学は、貿易、政治、宗教面から互いに影響を受けつついかに発展を遂げていったか。科学の裏の政治性をも読み解く。貴重な図版も多数掲載。 | A5上製 150頁 1900円 (988-3) [2005] |
| 江口善章 著 | 統計解析の基礎 | 統計学の初学者向けのコンパクトな入門テキスト。身近な例を多くひきながら、手順に沿って丁寧に解説。統計解析の捉え方、統計解析の有効性と限界を具体的に平易に理解できるよう編まれている。 | A5並製 136頁 2000円 (0187-2) [2009] |
| 千田有紀・菊地英明 編著 | グローバリゼーションと変わりゆく社会 <叢書 現代の社会学とメディア研究第1巻> | グローバリゼーションとはいかなる社会現象であるのか、最新知見や具体事象を盛り込みつつ、基本的な考え方、理論を紹介。また、グローバリゼーションが各システムにもたらした変動を詳らかにする。 | A5並製・[近刊] |
| 矢田部圭介・山下玲子 編著 | アイデンティティと社会意識 私のなかの社会／社会のなかの私 <叢書 現代の社会学とメディア研究第3巻> | 基本知識を概説し、最新知見を盛り込みながら、＜わたし／わたしたち＞を＜わたし（たち）をとりまくもの＞との関わりで考える。＜わたし＞への社会学的基本アプローチを取りつつ、様々な現象を取り上げる。 | A5並製 160頁 1900円 (0313-5) [2012] |
| 粉川一郎・江上節子 編著 | パブリックコミュニケーションの世界 <叢書 現代の社会学とメディア研究第5巻> | パブリックコミュニケーションの持つ意義と基本的な考え方を整理しつつ、具体的な実践例やそれのもたらしたインパクトについても概観することで、現代社会が切り開こうとしている社会のあり方を提示。 | A5並製 148頁 1800円 (0312-8) [2011] |
| 中橋雄・松本恭幸 編著 | メディアプロデュースの世界 <叢書 現代の社会学とメディア研究第6巻> | メディアプロデュースの基礎理論を提示し、社会的意味と役割、影響力について論ずると共に、ドキュメンタリー、CM、音楽、出版、ルポルタージュ、アニメーションの現場の息吹、制作過程を伝える好著。 | A5並製 156頁 1900円 (0359-3) [2013] |
| 南田勝也・矢田部圭介・山下玲子 著 | ゼミで学ぶスタディスキル【改訂版】 | 大学での学ぶ技法がぎゅっと詰まった入門書。情報やテーマ収集のアンテナの張り方から、講義の受け方のコツ、ゼミ活動のツボ、文献集めの技、レポート作成、発表のスキルまで、至れり尽くせりの好著。 | B5並製 160頁 1900円 (0355-5) [2013] |